WAC BUNKO

# 優しい日本人
# 哀れな韓国人



秀雄

WAC

# まえがき——堂々とした歴史認識に基づく征韓論を！

韓国の政治が混迷を極めている。一応保守政権だった朴槿恵《ぼくきんけい》大統領時代もおかしかったが、ろうそく革命で出現した左翼政権の文在寅《ぶんざいいん》政権からはさらにおかしくなった。三十八度線という分断線はなかったかのごとくに、何度も北朝鮮の指導者・金正恩《きんせいおん》と会って、すぐにでも南北統一が成るかのような勢いだった。

昔、『三代目襲名』という東映やくざ映画があったが、まさにその通り三代目を襲名した金正恩は、気の向くままにミサイルをあちこち飛ばす暴力団組織の親分で、異母兄を遠慮なく殺す冷酷な独裁者である。そんなものを有難がる馬鹿がどこにあるか。

対日本外交もめちゃくちゃと言うほかないのは誰もが知っていることで、私が改めて論評するまでもない。最近の事実だけを列挙する。

海上自衛艦が掲げる旭日旗《きょくじつき》拒否問題、慰安婦問題に関してまとめられた日韓合意（二〇一五年）のちゃぶ台返し。二〇一八年後半になってから連続した、いわゆる徴用工の賠償金支払いを命ずる判決。韓国駆逐艦による自衛隊機に対する火器管制照射問題、韓国国会議長の天皇陛下に対する謝罪要求発言などなど、韓国のやっていることは常軌《じょうき》を逸している。

この根底には、韓国人の中に抜きがたく存している小中華思想の問題がある。中国＝朝鮮＝日本と段階的に差異的秩序が存在するという考え方である。世界の中心から外れている日本が、中心に近い朝鮮を支配したのは破廉恥《はれんち》極まる無礼行為だった。その過ちを認めて謝罪せよというわけである。中華思想の前では近代的国際法も意味をなさない。全く現在の韓国人は、背広を着ていても、頭の中身は李朝時代そのままである。日本統治時代に芽生えた近代的思考は、統治時代を真に知る人々がいなくなるとともに消滅していくのだろう。消滅の始まりは、大韓民国成立後、ひと月して制定された「反民族行為処罰法」（一九四八年九月）である。

モンゴル系中国人（現在は日本に帰化）の楊海英《ようかいえい》静岡大学教授は、『日本陸軍とモンゴル』（中公新書）という著書の中で、「モンゴル人と日本人の青年将校たちが織りなす二〇世紀の歴史は、加害と被害という構図を凌駕したドラマをわれわれに残してくれたのである」と述べられている。

五族協和を掲げた満洲国の理想は、現実の中では様々な理由で実現されなかったものが多い。しかしそのような史実を直視しながら、楊海英教授は「加害と被害という構図を凌駕したドラマ」をこの本の中で感動的に描いているのである。

歴史問題において韓国人がなすべき最大の課題は、愚かしい対日優越感と妄想と願望の歴史に安住することではなく、史実に基づいた真実の歴史に勇気を持って直面することにある。その勇気がなければ、「加害と被害という構図を凌駕する」ドラマを彼らが作ることは永遠に叶わず、安易で怠惰な、中国と北朝鮮に振り回されるだけのくだらない国民と成り果てるだろう。私も日本の朝鮮統治が万全だったとは言わない。しかし第三者が見れば、相当のことは達成したはずだ。大体人間のやることに、万全などあり得るわけがない。

日韓関係が良好な時とは、玄界灘《げんかいなだ》を通して、朝鮮回廊《かいろう》にさわやかな海風が吹き渡っている情況のことをいうのである。中国を宗主国《そうしゅこく》と仰ぎ、事大《じだい》主義の腐臭がふんぷんと漂う小中華主義思想の消え去った韓国こそが、朝鮮半島の未来を切り開く可能性を持つ。

大陸と海を結ぶ地政学的「回廊」という半島の条件は永遠に変わることはなく、朝鮮回廊が消えることはない。そうであるならば、彼らがなすべき唯一のことは大陸に背を向け、胸一杯にさわやかな日本海からの海風を呼吸することである。そうして初めて福澤諭吉が理想とした「独立自尊」の国作りができるだろう。もちろん彼らは日本海を「東海」と呼ぶことに執着するくだらなさにも、盗んだ仏像を自分の物だと、屁理屈をこねて主張する愚かしさにも気づくことだろう。

しかし慰安婦や徴用工、これらの問題を韓国側に立って応援している日本側の言論や団体が存在することも実は大きな問題ではないか。慰安婦を強制連行したと嘘の証言をした吉田清治だけの問題ではない。本書で批判した明成《めいせい》皇后謝罪団、朝日新聞、河野洋平談話、菅直人首相談話、映画『白磁《はくじ》の人』、韓国で土下座した鳩山由紀夫元首相など、それらの対韓国謝罪姿勢が今日の危機的日韓関係の原因となっているのである。堂々とした歴史認識に基づく征韓論こそがこれから求められるべきものである。

トランプ大統領の一喝（二〇一九年四月十一日）で、多少は大人しくなっているが、北朝鮮に内通したい文在寅の本音は消えることはないだろう。大人しくなったのはアメリカが片手にちらつかす棍棒のためである。棍棒（軍事力）を持たない外交は意味がない。日本が韓国になめられるのは軍事力が不在だからである。拉致問題に関しても同じである。

二〇一九年七月一日には、半導体の原材料の対韓国輸出の見直しが始まった。韓国ではかなりの動揺があるが、徴用工問題で日本企業の資産差し押さえを強行しようとするような国に対しては当然の措置である。七月十九日には、徴用工問題の進展を図ろうと日本が提案した「仲裁委員会」の設置に韓国が応じなかったため、河野太郎外相が駐日韓国大使を呼びつけて「きわめて無礼です」と抗議し、日本側の怒りを露わにした。これまた当然の外交措置だろう。この後も日本は外交でも、歴史問題でも、半歩も譲ってはならない。譲ったら負けだ。

なお本文中に京城《けいじょう》と書いているのは、現在の韓国の首都ソウルのことである。正確には、日韓併合以前は「漢城《かんじょう》」で、その後は「京城」であるが、煩瑣《はんさ》なので戦前の呼称は「京城」に統一した。朝鮮人名も日本語読みに統一した。

# 優しい日本人
# 哀れな韓国人

目次

まえがき——堂々とした歴史認識に基づく征韓論を！ 3

第1章 西郷・勝・福澤の「征韓論」 15
謝るならカネを出せ 16
侵略的な意味ではなかった征韓論 17
非礼極まりない朝鮮 20
朝鮮は三十年前の日本 24
独立の気概《きがい》なき国 26
朝鮮政府は亡んだ方がいい 30
先ず倒すべきは清国である 32
朝鮮は保護国化するしかない 35
併合の時代はベル・エポックだった 37
新たなる「征韓論」を 39

第2章 閔妃《びんひ》暗殺の真犯人 43
お人好し日本人の軽はずみな所業 44

喜色満面の大院君 …… 45
近代化の使徒・金玉均 …… 47
魑魅魍魎《ちみもうりょう》の「勢道政治」 …… 49
朝鮮は清国の属国 …… 51
なきに等しい朝鮮の国家主権 …… 53
金玉均の暗殺 …… 55
「文明と野蛮」の戦争 …… 57
三浦梧楼と大院君の盟約 …… 59
親日・訓練隊解散の陰謀 …… 62
大院君の決意 …… 64
閔妃事件は日露の血みどろの抗争 …… 67
首謀者は本当に「ゴロツキ」か …… 70
閔妃殺害を示唆した男・禹範善《うはんぜん》 …… 74
興亜の偉人——武田範之《はんし》小伝 …… 77

## 第3章 「白磁の人」浅川巧《たくみ》が生きた朝鮮統治時代 …… **85**

日本軍を暴力団扱いする日本人映画監督 …… 86

朝鮮人を気遣う日本軍人……88
はげ山の実態が示す真実……91
『牧民心書』に描かれた朝鮮民衆の悲惨……94
もし浅川巧が長生きしていたら……96
小説『白磁の人』の独善性……97
今井正監督の名作……102

## 第4章 朝鮮で「聖者」と呼ばれた日本人・重松髜修《まさなお》……**105**

孤立無援の村に赴任……106
「万歳《マンセー》騒擾事件」で暴徒に襲われる……108
天皇の下での平等……110
朝鮮人と共に生きる……112
私財を投じた鶏卵事業……114
半島青年の意気……117
皇軍輸送列車を「万歳」で迎える……120
〝強制連行〟など聞いたことがない……122
「苛政《かせい》は虎よりも猛《たけ》し」の好実例……125

第5章 慰安婦問題の本質――「まずはメシを食うことだ」…… 127
日本人と寝て首を斬られた朝鮮女性 …… 128
オランダ映画が描いた朝鮮の売春家族 …… 130
天皇陛下に申し訳ない …… 133
アメリカ軍のフィリピン人慰安婦 …… 139
朝鮮人慰安婦への愛情 …… 141
河野談話が唯一の「証拠」 …… 143
第6章 「半島の舞姫」崔承喜《さいしょうき》――反日の犠牲者 …… 147
日本と朝鮮の良き時代 …… 148
日本の前衛舞踊に感動 …… 151
半島の舞姫の誕生 …… 154
靖國神社で舞踊を奉納 …… 157
戦争に協力する朝鮮人たち …… 160
金日成に迎えられて北朝鮮へ …… 162

## 第7章　アナーキスト金子文子と朴烈 …… 167

物々しく登場した反日映画 …… 168
三・一独立運動〝虐殺〟の真実 …… 171
悲惨の極みにあった文子 …… 173
関東大震災に乗じて暴動を起こした朝鮮人社会主義者 …… 175
無政府主義者たちの末路 …… 177
朴烈の転向 …… 179

## 第8章　朝鮮総聯《そうれん》と民団——曺寧柱《そうねいちゅう》の「我が闘争」 …… 183

「善意の悪政」 …… 184
ソ連に踊らされた民族解放運動 …… 188
共産主義から転向した曺寧柱、非転向を貫いた金天海 …… 189
運命の三十八度線 …… 193
朝鮮人同士の武装闘争 …… 194
傍若無人の在日朝鮮人 …… 198
北朝鮮帰還事業の悲惨 …… 199

進歩派ジャーナリズムの罪 …… 202
韓国の経済発展は最強の防共手段 …… 203
光州事件をきっかけとした歪《いびつ》な〝民主化〟 …… 206
そして「反日」だけが残った …… 211

**「徴用工」の嘘と朝鮮人労務者の真実 …… 214**

**〈史料〉座談会「半島労務者と内地を語る」**『国民総力』昭和十九年七月十五日号 …… 219
内地の対半島認識程度 …… 220
半島指導員も朝鮮を知らない …… 221
では朝鮮は内地の認識があるか …… 222
鉱山に光る美談の数々 …… 223
時局認識は徹底している …… 225
早く家族を呼び寄せるようにしたい …… 226
どしどし改善されている労務管理 …… 227
労務者に対する観念を正しく …… 228
優秀な指導者を養成させる …… 230
国語教育を徹底させたい …… 231

内鮮一体となって増産に邁進……233
あとがき……235
初出一覧……237

装幀／須川貴弘（WAC装幀室）

第1章

# 西郷・勝・福澤の「征韓論」

## 謝るならカネを出せ

平成二十二（二〇一〇）年八月十日、民主党政府は日韓併合条約発効百年に関する菅直人首相談話を発表した。これには以下のようなお詫びと反省の言葉がある。

「日韓併合条約が締結され、以後三十六年に及ぶ植民地支配が始まりました。三・一独立運動などの激しい抵抗にも示された通り、政治的・軍事的背景の下、当時の韓国の人々は、その意に反して行われた植民地支配によって、国と文化を奪われ、民族の誇りを深く傷つけられました。

私は歴史に対して誠実に向き合いたいと思います。歴史の事実を直視する勇気とそれを受け止める謙虚さを持ち、自らの過ちを省みることに率直でありたいと思います。痛みを与えた側は忘れやすく、与えられた側はそれを容易に忘れることはできないものです。この植民地支配がもたらした多大の損害と苦痛に対し、ここに改めて痛切な反省と心からのお詫びの気持ちを表明いたします」

私は嘆息せざるを得なかった。偽善も極まれりである。謝れば許してくれるのか？　徴用工、慰安婦問題など、次々に補償要求をエスカレートさせているのが韓国の現実ではないか。謝るならカネを出せというのが世界の常識である。分かった上で、謝罪しているのなら不謹慎極まる。本当に「率直でありたい」ならば、併合に至った歴史的経緯と統治時代の内容とを正確に理解しなければならない。

## 侵略的な意味ではなかった征韓論

征韓論と言えば西郷隆盛、西郷隆盛と言えば征韓論と、多くの人は連想するだろう。確かに西郷が征韓論に敗れ、「明治六年の政変」を期に鹿児島に戻り、西南戦争で自刃《じじん》するまではわずか四年である。西郷の後半生における征韓論の比重は大きい。

しかし征韓論は西郷隆盛のみが唱えたことではない。明治になって言われ出したものでもない。韓国を討伐するという意味だけのものでもないのである。

朝鮮半島は日本の背中に突き付けた刃の形をしている。この国が不安定であればどうなるか。外務省に入省した公卿《くぎょう》の柳原前光《さきみつ》が明治三（一八七〇）年、岩倉具視《ともみ》に提出した意見書には「魯国（ロシア）の如きは北は樺太を略し、西は朝鮮に拠《よ》り候ては、皇国の御偉業遂《つい》に立つべからず」とある。大国ロシアが朝鮮半島を南下して日本に圧力をかけてくる危機感を如実に反映した内容である。

一八五八年のアロー号事件をきっかけとする英仏連合軍と清国の戦争は英仏による北京占領という結果となった。城下《じょうか》の盟《ちかい》（城下まで攻めこまれて結ぶ屈辱的な講和）を誓わされることとなった清国はロシアに泣きついて仲介者となってもらい、一八六〇年に北京条約が結ばれた。これによりロシアは沿海州の割譲《かつじょう》という漁夫《ぎょふ》の利《り》を得た。するとロシアはさらに南下し、文久元（一八六一）年、対馬《つしま》を占領し、傍若無人《ぼうぎゃくぶじん》のふるまいをした。このロシアの暴挙に徳川幕府は有効な対処をなし得ず、結局イギリスの干渉によってロシアは半年後に退去した。この危機感が征韓論の生みの親なのである。

文久三（一八六三）年四月二十七日の勝海舟の日記には、訪問してきた桂小五郎（木戸孝允《きどたかよし》）と大島友之允《とものじょう》（対馬藩士）に以下のことを話し、同意を得たことが記されている。

「我々アジア人は西洋人に抵抗できない。皆規模が小さく彼らの遠大な計略に及ばないためだ。今我国から艦船を出し、アジア各国の王に説いて連合し、海軍を大きくし、貿易を盛んにし、学術を研究すれば西洋の植民地になる事もないだろう。まず隣国朝鮮を説き、次に支那を説くのだ」

翌月の勝の日記には「征韓」という言葉が出てくる。また彼は越前福井藩主・松平春嶽《しゅんがく》の海軍振興策に対して、「ロシアに対抗するために英仏が懇望《こんもう》する対馬を公領とし、良港を開き、朝鮮と支那の往来を盛んにする。そうすれば海軍も盛んになる端緒《たんしょ》となる」と回答している。

つまり征韓論は、遠大なアジア諸国同盟に向けての端緒となる対韓外交交渉という意味のもので、現代の我々が誤解しやすい侵略的意味などはまったくない。

しかし対韓交渉はそう簡単なものではなかった。江戸時代に朝鮮との唯一の窓口であった対馬藩の藩士である大島友之允はその実態を知っていた。彼は翌一八六四（元治元）年、勝海舟の助力を得て幕府に意見書を提出している。

「朝鮮はもともと狐疑《こぎ》深き国風（疑い深い国柄）であり、日韓同盟ということの意味が理解できない。しかも弱国で物産がなく、政治は苛烈《かれつ》で上を恨んでいる者が少なくない。その虐政の実情を理解してその人民に接すれば、我国の仁政《じんせい》を慕うようになるだろう。また神州之武威《しんしゅうのぶい》（我国の武威勇気）を示すことも必要だ。なぜなら外従順にして内奸譎《かんけつ》（表面は従順なふりをして内心は嘘偽り）をなすこともある。断然兵威《へいい》を示すべきである」と述べている。

この意見書がいわゆる征韓論の原型を成すことは知られている。大島は木戸孝允と親しく、その関係で木戸は対馬藩をけしかけるような対朝鮮積極論者であったのだ。

徳川慶喜《よしのぶ》もこの大島の意見書に興味を持っていた節がある。というのも慶應二（一八六六）年、当時の朝鮮王朝の権力者だった大院君《だいいんくん》が国内の西洋人を虐殺して攘夷《じょうい》を開始した。八月には米国商船の乗組員が大同江《だいどうこう》で殺されている。フランスや米国は罪を問う動きを見せる。徳川慶喜はこれを知り、遣韓使節を送ろうとしたのである。朝鮮の危機は日本の危機なのだ。しかし大政奉還により実現しなかった。

「征韓」とは確かに穏やかな物言いではない。しかしそれは畢竟《ひっきょう》、国防論である。夷狄《いてき》が朝鮮を狙っているから、朝鮮よ、しっかりしてくれというのが日本の本音である。朝鮮が危うくなれば、危機は日本に及ぶ。旧態依然たる支那との宗主国関係で西洋列強の東漸《とうぜん》を食い止めることはできないのだ。これが理解できなければ武威を振るうだけである。それが「征韓」である。

## 非礼極まりない朝鮮

明治元年、明治新政府は幕藩体制から天皇を中心とした政府になったということを朝鮮に示すための国書を対馬藩を通じて送ろうとした。しかしその公文書に、「皇祖、皇上、皇室、勅」などの言葉があることが、朝鮮側は自らを下に見る無礼と受け取った。旧例を墨守《ぼくしゅ》せよと受け取りを拒否した。中華思想に基づく華夷《かい》秩序に反しているというわけである。その後双方から文書で論議の応酬があったが進展せず、明治政府は明治三年一月、事情調査のために政府役人の佐田素一郎、森山茂を釜山《ふざん》に派遣したが、相手側と面会することもできなかった。

二人は帰国して、硬軟論調の差はあるが、共に談判がうまくいかなければ「征韓」を主張する建白書を提出した。

正式の使節遣韓は明治三（一八七〇）年十月だったが、むなしく一年以上待たされた。使節の森山茂は「非礼である、もとよりこれを膺懲《ようちょう》（こらしめる）すべからざる」と述べて帰国した。こうして軍事的征韓論が台頭する。

木で鼻をくくる朝鮮の態度にも根拠があり、自信もあった。前掲の慶應二（一八六六）年の米国商船の乗員皆殺し事件の後、明治四年に抗議のためにやってきた米国東洋艦隊の陸戦隊を漢江《かんこう》で撃破していたのだ。

明治五年一月、再度の正式使節が送られた。しかしこれもむなしく六月に帰国。朝鮮側の返事は「大事とは十年後、緊急とは六、七年後のことをいう。あわてることはない」という言い草だった。完全に日本を小馬鹿にしていた。

八月、日本政府は外交交渉を外務省に完全移管し、廃藩置県（明治四年）もあって、対馬＝朝鮮間の交渉は「私交」であると主張した。朝鮮側はそれならばと、これまでの経費の支払いを求めてきた。使節側が払おうとすると、朝廷（日本政府）からの支払いということならば受け取れないと回答する。またそれまでは倭館（日本人居留地）に供給していた食糧、煮炊きに必要な薪炭《しんたん》も納入を止めた。

日本側は困って対馬から日用必需品を持ち込んだ。そうするとこれを密輸入だと非難した。のみならず、「形を変え、俗を易《か》えたのは日本人と言えない。日本は不法の国だ。往来を許さない。昔の和船でないと、国境内に入ることを許さない。対馬人と貿易することは昔と変わらないからいいが、他の島との交易は絶対許されない」という伝令書まで倭館を警護する朝鮮人館員に交付した。「形を変え、俗を易え」というのは王政復古のことで、また手漕《てこ》ぎの和船は認めるが、蒸気船は拒絶したわけである。倭館の沖合で水軍を調練して、倭館に向けて威嚇《いかく》発砲までした。

侮辱的な伝令書は日本に持ち込まれて大きな外交問題となった。すぐにでも兵を派遣して修好条約を結ばせろという強硬な意見も強かった。結局武器を帯びず、堂々と政府高官を大使として派遣するという西郷隆盛の意見が通った。自分が行く、そしてかの国が自分を誅殺《ちゆうさつ》するようなことが起きれば、征討の師（軍隊）を起こせばよいと。

そうするうちに欧米から帰国した大久保利通《としみち》と西郷との間に征韓論議が巻き起こり、大久保の内政先行意見が勝利し、西郷は鹿児島に蟄居《ちつきよ》することになる。いわゆる「明治六年の政変」である。対朝鮮積極論者だった木戸孝允も、大久保利通らと欧米を巡回中に積極論を撤回し、大久保方につくのである。

西郷の意見は正論であった。しかし朝鮮が正論が通る国であるかは何年も続くむなしい交渉で彼も分かっていたはずだ。弱国なのに、こけおどしの策略を使って相手を翻弄《ほんろう》しようとする。しかし時勢は待ってくれない。西洋列強が迫ってきているのだ。世界を見る目が朝鮮にはない。

西郷の側近である桐野利秋《きりのとしあき》の聞書き『東亜構兵策』によれば、西郷は「国防のために海外に兵を構える必要があり、朝鮮、満洲を計略（攻めとる）しなければならない。『朝鮮の無礼』はいい機会である。この機会を逸すべからず」と述べている。

具体的には西郷は平壌に兵を送り半島の首根っこを抑え、京城《けいじょう》（現・ソウル）に攻めのぼる征韓策を唱え、副島種臣《そえじまたねおみ》は仁川《じんせん》から直接京城を突くという策を考えた。これは後に朝鮮戦争でマッカーサーが実施した作戦である。当時の政治家の戦略眼は超一流のものである。

ちなみに副島は、台湾における「牡丹社事件《ぼたんしゃ》」（明治四年、遭難した宮古島の島民たちが台湾で殺害された事件）問題の談判のために北京に赴いた明治六（一八七三）年、「台湾は日本の南の護《まも》りである」としてすでに台湾領有を構想している。当時彼が乗って行ったのは外輪船である。船上で彼が作った漢詩を紹介する。

| | |
|---|---|
| 風聲鼓濤濤聲奔 | 風の音は鼓のごとく、波の音も高い |
| 火輪一隻艦旗飜 | 蒸気船の外輪が回り、艦旗はひるがえる |
| 聖聲切至在臣耳 | 天皇のお言葉は切々と我が耳に残る |
| 保護海南新建藩 | 海の南の台湾を護り、新領土とするのだ |

国防とは自国のみを守れば済むのではない。

## 朝鮮は三十年前の日本

明治八（一八七五）年、飲料水を求めて江華島《こうかとう》に近づいた日本の軍艦に朝鮮が発砲する事件が起こり、日本は江華島を占領した。これをきっかけに、翌年修好条規が結ばれ、朝鮮は開国することになる。大島友之允が「断然兵威を示すべし」と言ったように、結局、軍事力を必要としたのである。大事なことはこの条約において、朝鮮は支那を宗主国とする属国でなく、日本と対等の独立国であるとみなしたことにある。しかし、中華秩序世界に生きる朝鮮人に「皇帝」を名乗る日本の天皇体制との関係を対等として理解することはなかなか難しかったようである。

西郷は江華島事件について、数百年交際している国に対して人事を尽くしていないと日本政府を批判しているが、対日「無礼」に八年間耐え忍んでも「人事を尽くしていない」というのだろうか。

西郷の理想的征韓論＝外交交渉は、身に寸鉄《すんてつ》を帯びず、自ら死地に赴くことを前提とする壮絶なもので、これが可能なのは彼だけであったろう。理想主義者を気取る凡人がこれをやらかすと、はるか後年の官房長官・河野某のように珍妙な談話をさらけ出して韓国に利用され、外交をさらに混乱させてしまうことになる。こちらの理想主義を「リベラル」という。

当時森山茂は「韓国得意の外交手段に翻弄された我が内閣の迷夢はここにおいて始めて醒《さ》めた」と述べている。これが現実を冷徹に直視できる外交官の時局認識である。

この時には権力は大院君から息子の高宗《こうそう》(つまり閔妃《びんひ》一族)に移っていた。朝鮮側の交渉の責任者の一人は呉慶錫《ごけいしゃく》で、日本側の公文書に「皇」という字があっても、朝鮮を下に見ているのではないと理解する合理的思考の人物であった。呉は翻訳官として北京に行って西洋の文物を見、たちどころに西洋を理解した国際的視野を持つ人物だった。弟子である金玉均《きんぎょくきん》に日本と手を取ることの重要性を教えていた。金の同志に朴泳孝《ぼくえいこう》らがいた。彼らが日本と手を取って朝鮮を近代化させようとした開化派を形成することになる(これに対抗する保守派を事大党《じだい》という)。

朝鮮問題に福澤諭吉が関係するのはこれからで、朝鮮からの日本視察者が、名高い啓蒙主義思想家である福澤に面接を求めてきてからである。

ちなみに西郷と福澤は会見したことはないが、相互に尊敬する関係であった。西郷は福澤の『文明論の概略』を愛読し、福澤は西南戦争での西郷の死を悼《いた》んでいる。

福澤がその文明論で重要視しているのは一国の独立である。一国の独立こそ文明の目的であるというのである。そのために列強のアジア進出に対して西洋文明の術を学ばねばならないと説いた。「朝起きたら外国との交際に油断するなと言って、それから朝飯を食え」という譬《たと》えを使ったくらいである。一身独立してこそ一国が独立するのである。

当然ながら、この公理は新たに開国した朝鮮にも当てはまるものだった。だからこそ福澤は三十年前の日本が朝鮮だと考えて、慶應義塾に留学してきた朝鮮人学生たちを歓迎したのである。

世界情勢を知るために必要だと、ハングルを使った新聞発行も提案し、顧問として門下生の井上角五郎《かくごろう》を朝鮮に送った。井上は博文局という今の日本で言えば文科省の広報紙として『漢城旬報』を発行し、朝鮮の啓蒙に邁進《まいしん》した。

## 独立の気概《きがい》なき国

修好のため日本にやって来た朝鮮の使節団は、学校がいくつもあり、鉄道も走っている新日本の発展に驚いた。その風聞が金玉均にも伝わってきた。彼は先進国日本に行くことを決意したのである。日本の京都や東京は汚濁《おだく》と廃墟だらけの故国の首都とは段違いの壮麗さで彼の眼を釘付けにした。

福澤との対面は明治十五（一八八二）年三月六日のことで、これから五カ月ばかりの見聞は、日本との友好こそ朝鮮近代化のあるべき姿だと金玉均に理解せしめた。福澤もまた彼を朝鮮の憂国の士と認め、援助するにやぶさかでなかった。

しかし彼の祖国は動乱のちまたにあった。原因は大院君と閔妃一族との対立である。元々高宗が年少であるが故に父親が摂政をしていたのだが、高宗が成人し、政治に携わるようになると、大院君の気に入らない息子の嫁の閔妃の一族が政権に口出しをしはじめた。いわゆる「勢道政治《せいどう》」である。特に閔妃は頭脳明敏、権謀術数《けんぼうじゅっすう》に長《た》けていて、高宗の座る椅子の背後に控えていて、夫の発言にまで干渉するほどの実力者であった。

大院君は爆弾テロを敢行して閔妃の母親を爆死させた。また高宗と腹違いの息子の李載先《りさいせん》を王位に就《つ》けようと画策し、それが発覚して李載先は処刑された。まさに当時の韓国は混迷きわまる政治情勢にあった。東洋のバルカンであった。隣国日本としては迷惑千万である。

対立はついに大量の血の雨を降らせることになる。開国に消極的で支那を宗主国とみなす事大派が大院君をかつぎ、クーデターを敢行した（壬午《じんご》軍乱）。日本公使館付武官で、高宗の近衛兵の教官だった堀本礼造が殺され、公使館も焼き討ちされて、日本側に十三名の死者が出た。しかも公使の花房義質《はなぶさよしもと》も危なかった。身内の喧嘩のとばっちりを隣家が被《こうむ》ったという構図だ。しかも厄介《やっかい》なことに、清国が大院君をひっさらって幽閉した。独立国の体面も何もない。

金玉均は眉をひそめた。何とかしなければいけないと朝鮮に帰った。そして仲間を集めて朝

甲申事変の現場の郵政局跡（『金玉均伝』より）

鮮を近代化しようと開化党を作った。彼らは守旧派の事大党と対立した。

金玉均は再び日本に行き、福澤の斡旋《あっせん》で、朝鮮近代化の資金として十七万円を借款《しゃっかん》で手に入れて帰国する。次には三百万の借款を求めてやって来たがこれはうまくいかなかった。当時の日本政府は朝鮮の背後にある清国に気兼ねしたのである。こうした過程で、守旧派との軋轢《あつれき》が高まった。

明治十七（一八八四）年十二月四日、郵政局開業式典の日を期して、金玉均たちは守旧派を打倒して改革政権を作ろうとクーデターを起こした（甲申《こうしん》事変）。九分通り成功しかかったが、支那軍が介入して失敗に終わった。高宗が金玉均に密勅《みっちょく》を出していたのだから、これは反乱ではない。しかし形勢が開化党に不利に傾くと、高宗は事大党に鞍替《くらが》えする信念のない王様だった。独立の気概《きがい》はどこにもなかった。金玉均や朴泳孝は日本に亡命した。

日本兵の死傷者は少なかったが、京城市内に住む日本人居留民が支那兵に襲われた。武器など持たない商民たちである。物品は掠奪され、子供を含む四十名の日本人が殺され、女性が支那兵に凌辱された。

福澤は激怒した。翌年一月二十九日の『時事新報』に、「支那人が真先に立ちて朝鮮人を使嗾《しそう》し（そそのかし）、日本公使を襲い、日本公使館を焼き、日本人四十名を殺し、日本婦人を手込めにし、言語道断なる不埒《ふらち》を働きたり」と書いている。

事情はどうあれ、兵隊同士が殺し合うことはその職業上おかしなことではない。しかし武器を持たない民間人が殺され、辱《はずかし》めを受けたことは許せなかった。「対清国開戦を覚悟せよ、恥辱を晴らせ。国民は軍費を賄うために少し節制せよ。金持ちは拠金せよ」と、福澤は「暴支膺《ぼうしよう》懲《ちょう》（暴虐な支那を懲《こ》らしめる）」を時事新報上で声高に唱えたのだ。

昭和期には済南事件や通州事件という支那兵による日本の民間人大量猟奇虐殺事件が起こった。甲申事変はその発端というべき事件であった。福澤が怒るのはもっともなことである。

朝鮮内における開化党は完全に一掃された。ことごとく処刑された。本人だけではない。その家族縁戚者も罪を問われたのだ。「三族を滅す」と言って、父母、兄弟すべてが捕われ、殺される。それが分かっているから先に毒をあおって自殺する者もいた。

こういうことは今の韓国にも生きている。親日派だった祖先を持つ者は財産を没収されるのだ。まったく近代以前、封建時代そのままの国柄で今まで来ているのだ。

## 朝鮮政府は亡んだ方がいい

憤懣《ふんまん》やるかたなかった福澤は、三月に「脱亜論」を時事新報に載せた。「我が国は隣国の開明を待《まち》て共に亜細亜《アジア》を興すの猶予《ゆうよ》あるべからず」「我は心に於て亜細亜東方の悪友を謝絶するものなり」(明治十八年三月十六日)。

福澤の怒りはこれだけではおさまらない。八月には「朝鮮人民のためにその国の滅亡を賀《が》す」という論説を時事新報に載せた。これは「脱亜論」よりもっと強烈だった。

「朝鮮人民は外国の支配下に入った方が幸せである。人民は権利のひとかけらも持っていない。自国の政府による人民の生殺与奪《せいさいよだつ》は自由自在で、嘆き悲しんでも訴える所もない。人権どころの話ではない。巨文島《きよぶんとう》を占領したイギリスは働いたらとにかく賃金をくれる。イギリスの支配下に入り、朝鮮政府は亡んだ方がいい」とまで皮肉一杯に書いてのけた。

明治政府は翌日から一週間、治安妨害の廉《かど》で時事新報の発行を中止させてしまった。

福澤は論説の冒頭に、イギリスは海から朝鮮半島に忍び寄り、ロシアはメレンドルフというドイツ人顧問としめし合せて陸から入り込もうとしていると書いている。朝鮮政府に独立自尊の気力は何処にもない、日本に迷惑がかかるばかりだという福澤の嘆きがそこにあった。イギリスをアメリカとし、ロシアを中国と入れ替えれば、現代の朝鮮半島においても百年以上前と同じことが繰り返されていると言えるのではないか。

金玉均と朴泳孝は国賊となった。金玉均らを助けて、事大党政府を打倒しようという日本の志士による計画が漏れて裁判となった大阪事件（明治十八年）も起こり、日本政府からも疎《うと》まれた金玉均は岩田周作と名を変え、日本各地を転々とさせられた。この時期の日本政府は腰が引けていた。慰安婦問題で処女のごとき現在と同じである。

朝鮮政府はひそかに暗殺者を日本に派遣した。現在なら日本人を拉致するために日本に密入国する不逞のやからというところだろうか。金玉均の身に危ないことが何度も起きた。福澤は時事新報に「朝鮮国は実に厄介国である」と何度も嘆息をもらしている。しかし堂々とした金玉均の態度に逆に惹《ひ》かれ、信奉するようになるテロリストもいた。後に日韓併合で李容九《りようきゅう》と共に活躍することになる宋秉畯《そうへいしゅん》である。

亡命中の金玉均を手厚く保護したのは頭山満《とうやまみつる》の玄洋社であり、福澤諭吉の慶應義塾だった。日本人の熱い魂が玄洋社や慶應義塾にあった。「東方の悪友を謝絶する」と言いながら、福澤は朝鮮改革の熱血漢である金玉均を見捨てなかった。

ちなみに金玉均を朝鮮政府の代表とみなして、福澤個人が貸与した金額は計一万五千円にもなった。同じ開化派の兪吉濬《ゆきちひん》も福澤を頼ってきて六百円の借財をした。日清戦争で親日政権ができると兪は政府の重要職に就き、来日した。福澤はほったらかしの借財について「不義理ではないか」と少々小言を言った。貸した金が戻ると、福澤はそれを再び朝鮮人留学生のために使った。

## 先ず倒すべきは清国である

明治二十四（一八九一）年に金玉均は自由の身になった。同時にそれは金玉均に洪鐘宇《こうしょうう》という危険人物、朝鮮政府の回し者を接近させることになった。清国の重臣・李鴻章《りこうしょう》の養子である駐日清国公使・李経芳《りけいほう》が二人を引き合わせた。洪鐘宇は金玉均に上海行きを持ちかけた。福澤も頭山も危ぶんだが、金は「虎穴に入らずんば虎児を得ず」としてこれに乗った。

案の定、明治二十七（一八九四）年三月二十七日、金は上海で洪鐘宇に射殺された。遺体は朝鮮に運ばれて、体を切り刻む凌遅《りょうちけい》刑に処された。同じ頃、東京では朴泳孝暗殺未遂事件が起こる。

ちょうどその頃朝鮮半島では、虐《しいた》げられた農民の間から政治変革の動きが始まっていた。東学党の蜂起である。朝鮮政府はあわてて清国に支援を仰いだ。

福澤は朝鮮政府が自力で鎮圧できないなら日本軍が協力すべきだ、朝鮮の内乱は日本立国の利害にかかわる、他の強国が干渉してくる恐れがあると時事新報で説いた。

清国軍が出兵すると、日本軍は居留民保護のために出兵した。甲申事変の再来を恐れたのである。福澤は「凶器を支給された無頼漢」と支那兵を形容した。慧眼《けいがん》である。

しかも出兵する以上は、朝鮮の文明進歩のためにその力を利用せよ、力を行使しなければ朝鮮の改革は不可能と福澤は説いた。改革すべきその内容は、紊乱《びんらん》した財政、郵便、鉄道、警察、教育とあげている。すべて朝鮮にないものばかりだった。

腰が引けていた日本政府はようやく朝鮮問題を解決しようと本腰を入れ、大鳥圭介《おおとりけいすけ》公使は朝鮮改革を高宗に直談判した。そしてこれを拒否されると、その背後にいる清国に宣戦布告した（明治二十七年八月一日）。

福澤は痛快この上ない思いであった。戦費の供出に当時としては破格の一万円を懐《ふところ》から

金玉均殺害の現場となった上海の東和洋行

出した。十年前の提言「脱亜論」を実行に移したのである。そして時事新報の社説に「日清の戦争は文野の戦争なり」という論説を載せた。「文野」は文明と野蛮である。

最近この論説は福澤本人が書いたものではないという説（平山洋『福沢諭吉の真実』文春新書）が出ているが、凌遅刑や「三族を滅す」刑罰があからさまに実行され、無頼漢を兵隊にする支那朝鮮に文明などあるわけがない。福澤が書いたのではなかったとしても、彼の同意の下に書かれたことは確かであろう。

開戦少し前の明治二十七年七月十五日、時事新報は「朝鮮王妃は如何なる人ぞ」という記事を載せた。閔妃《びんひ》の底知れぬ残酷さを伝えた記事で、跡継ぎの義和君（李堈《りこう》）を生んだ側室趙《ちょう》氏への嫉妬が凄《すさ》まじく、趙氏は「溶鉄《やきがね》を以《もっ》て言うに忍びざる蛮風にて焼き殺された」とある。金玉均の妻と一人娘は殺されなかった。妻は閔妃によって死に勝る恥辱を与えるために売春婦にさせられたという。きれいごとの韓国ドラマ『明成皇后』ではとても描けない話ではないか。

日清戦争が始まったその年末、金玉均の妻と娘は日本軍によって助けられ、保護された。福澤はこれを聞いて喜んだ。日本に呼び寄せて面倒を見てやろうと考えた。広尾に家まで準備したが、これは残念ながら実現しなかった。しかし後に娘は日本人鈴木某と結婚して日本で暮らした。

翌年三月の時事新報には、金玉均の妻による夫の日本亡命後（甲申事変後）の苦労話が綴《つづ》られている。人の情けにすがり、賃仕事をやってどうにかこうにか生き延びてきたとある。売春婦にさせられたとは書いてないが、人として最低限の仕事で食いつないでいたことは確からしい。

閔妃の陰険と残酷さは事実であろう。閔妃殺害事件があった時、福澤は日本人が介在したことをよくないことだと書いている。しかし閔妃への同情はなかった。

## 朝鮮は保護国化するしかない

日清開戦前の六月二十六日、京城在勤の内田定槌《さだつち》領事は約五千字におよぶ長文の意見書を本国外務省に送っている。福澤は日本軍の派遣を利用して朝鮮改革を進めよと論じたが、内田はさらにその先を行っていた。この機会を利用して朝鮮国を日本の保護国にするべしという意見書を出していたのである。

内田は朝鮮に住んで実情が分かると、改革どころの話ではないと判断した。日本はすでに江戸時代に近代社会の基礎ができていた。それが朝鮮にはない。閔妃一族は私益しか頭になく、官職を得るための贈収賄《ぞうしゅうわい》で政治は腐敗の極みにあった。東学党の乱はそこに原因がある。内治外交権を掌握する保護国化しか改革の方法はないと彼は見定めたのだ。

第一次日韓協約が結ばれて、実際に保護国となるのは日露戦争中の明治三十七（一九〇四）年である。その十年前に内田は保護国化を提唱していた。彼も森山茂のように、現実を冷徹に直視できる外交官だった。そしてこれがその当時、国際社会で日本の安全を担保する唯一の道だったのだ。

福澤も朝鮮人の勝手に任せると朝鮮国は滅亡する、自業自得なのだが東洋の平和を妨げられて、他国の迷惑この上ない次第で放っておけないのだと日清戦後に述べている（『時事新報』明治二十九年二月二十七日付）。

何だか今と変わらない日本人の対韓感情ではないだろうか。竹島問題や歴史問題その他で、我々ははっきりいってうんざりしている。明治人がその中華思想、事大主義にうんざりしたように。しかし日本は自国の国防のために朝鮮半島に関わり続けざるを得なかった。

明治三十（一八九七）年、朝鮮は大韓帝国として近代独立国家として出発したはずだった。しかし大島友之允が「狐疑《こぎ》深き国風」と評した体質は一向に変わることがなかった。これは日本にとって国防の危機は去っていないのと同義であった。日露戦争の大きな原因は韓国の不安定さにあった。戦時中に日本の「保護国」となり、明治四十三（一九一〇）年には併合のやむなきに至るのも、結局は韓国が自ら国防を成しえない弱国だったからにほかならない。

金玉均の開化派の伝統を受け継ぐ李容九《りようきゆう》、宋秉畯《そうへいしゆん》らが韓国側からの併合請願書提出者であった。李完用《りかんよう》首相もまた併合のやむなしを理解していた。放っておけばまたロシアあたりからの侵略を甘受することになるのは必然だった。実業家の韓相龍《かんそうりゅう》は李完用の甥で、日本の大実業家・澁澤栄一《しぶさわえいいち》とも親しく、朝鮮経済を近代化する使命感を持っていた。

昭和の時代に朝鮮総督府の嘱託《しょくたく》を拝命した里見岸雄《さとみきしお》博士（注）は「日韓合邦は実に朝鮮民族のルネッサンス」であると述べている。併合によって朝鮮民族は再生の機会を得たのだ。

李完用や韓相龍が十年後のいわゆる三・一独立運動で、過激な運動を展開する暴徒らをなだめる声明を出し、朝鮮軍の相談に乗っていたのは理由のないことではない。

朝鮮併合に対する謝罪談話がナンセンスであるのは、こうした開化派＝親日派の流れの歴史を全く無視していることにある。併合に反対し、独立運動を続けた者たちだけが意義ある活動をしたという認識に日本の首相が寄り添うような発言は、併合の時代に急速な発展を遂げることができた現実を無視することになる。

## 併合の時代はベル・エポックだった

満洲事変が起きて、それを調査するリットン調査団が朝鮮半島を通過した。彼らは京城に着いて、宇垣一成《うがきかずしげ》朝鮮総督を訪問した。アメリカ代表のマッコイ少将は、軍閥《ぐんばつ》・張学良《ちょうがくりょう》統治下の満洲と文明化された朝鮮では全く違っているとして、日本の朝鮮統治を絶賛した。歪んだ目で見なければ、物事はすべて明らかであったのだ。

満洲事変とその後の建国は日本の強力さを世界にアピールした。共産主義の防波堤を満洲に築いた。決して侵略戦争ではない。逆に共産主義の侵略を食い止めたのだ。これは朝鮮内の独立運動に大きな影響を与えた。李光洙《りこうしゅ》を始め左翼知識人の転向が相次ぎ、三・一独立運動の指導者であった崔麟《さいりん》は日本を盟主とし、内鮮融合を推進する「大東方主義」を提唱して転向した。その後の支那事変勃発も含めて、おそらくこれは朝鮮に昔からある中華思想＝宗主国意識を完全に払拭《ふっしょく》するものであったのだろう。近代人としての意識の革命が朝鮮内に起こり始めていたのだ。昭和十三（一九三八）年から始まった陸軍志願兵制度に毎年毎年、驚異的な人数の応募者が殺到した理由もそこにある。

韓国側は「日帝三十六年」とよく非難する。しかしよく考えてみれば、近代においてその三十六年こそが朝鮮が平和を享受できた唯一の時代であったと言える。日清・日露戦争では戦場となったが、併合時代は全くの平和だった。朝鮮軍が初めて南北師団の対抗大演習を行うのも併合から二十年経った昭和五年である。

日本の朝鮮統治が終わって五年もしないうちに朝鮮戦争が起こり、二百万の犠牲者が出た。今もこの戦争は終わってはいない。休戦中というだけで国連軍後方司令部は今も横田基地にあり、国連旗がひるがえっている。

日本の朝鮮統治史は、この戦後も含めた近代朝鮮史全体を念頭において理解されなければならないのである。

里見岸雄博士は『朝鮮の同胞と日本国体』（昭和十年）という小冊子を出している。この中で朝鮮独立運動を批判しているが、このような注目すべき言葉がある。

「日本の統治を離れて自力更生し得る可能性が無い。そこには再び、独立運動の首領となりし人々の残酷独裁の政治が行はれ、万民は生血を吸はる、奴隷となり下り、乱脈混沌の極みを呈するであらう。これは火を見るより明かである。国際的には、列国蹂躙《じゅうりん》の対象となり、ひいては東洋の過源となる事、末期韓国の如くである」

里見博士は北朝鮮の独裁政治や朝鮮戦争の到来を、とうの昔に予言していたのである。

## 新たなる「征韓論」を

幕末時代の大島友之允の征韓論は、今も対韓国外交論の原型となるのではないだろうか。長らく江戸時代を通じて交渉を続け、朝鮮民族の実態を知っていた対馬藩士の献策には今も意味のあるものがあろう。

征韓論といい、吉田松陰の『幽囚録《ゆうしゅうろく》』や、橋本佐内の「村田氏寿《うじひさ》宛て書簡」にある朝鮮計略論といい、侵略論のさきがけだと非難されているが、本当のところは国防のために自ら対外発展策を取ろうという主張に過ぎない。一国独立の気概があるならば、誰でも主張する言葉である。

問題は征韓論や対朝鮮計略論を韓国側から批判されて、ヘナヘナとへたり込む、あるいは「ごもっともです」と迎合する日本人側の姿勢であろう。相手側から言われる「侵略」という偽りの道義性に抵抗できない情けなさが、言われもしないのに併合謝罪談話を出したりする行為につながるのである。

こうした態度は、大島友之允の言う「外従順にして内奸譎《かんけつ》（表面は従順なふりをして内心は嘘偽り）」という性格の朝鮮民族にへつらうことになり、結果としてその危険性は慰安婦問題に象徴的なように、ただの黴菌《ばいきん》にすぎないものを全世界に蔓延《まんえん》するエイズウィルスにまで増殖させてしまうのである。

この原因を作り出した者は、言うまでもなく日本人である。普通の日本人が本当の朝鮮統治史をまっとうに理解できないことから来るその隙《すき》を、民族を捨てた確信犯の反日日本人に利用されてしまっているのである。

まだ朴正熙《ぼくせいき》大統領の時代に象徴される冷戦が火花を散らしていた時代、韓国側に朝鮮統治の実際を知っている世代が韓国政府の要人として政務を執《と》っていた時代ならば、このような問題は起きなかった。

東西冷戦の終結は台湾に李登輝《りとうき》総統のような民主化を象徴する人物を登場させたが、朝鮮半島においては、三十八度線の意味をなし崩しにする結果しかもたらさなかった。思想的な意味における対北武装解除が行われてしまったのが、半島の冷戦終結であった。これは韓国に反日勢力を増大させた。

謝罪談話がもたらすものは、我々が中国、朝鮮、日本という段階的な中華秩序を認めてしまう危険性である。朝鮮を独立国家として取り扱った最初の国である日本が、その中華秩序に飲み込まれるならば、それは最悪の結果をもたらす。現在の韓国は反日容共国家である。遠慮することはない。必要なのは自らの歴史認識に基づく堂々たる「武威《ぶい》的」外交の開始、すなわち新たなる「征韓論」である。

（注）里見岸雄（一八九七〜一九七四）　日蓮系の宗教団体「国柱会」を創始した田中智学《ちがく》の三男。早稲田大学卒業後、欧州留学を経て、里見日本文化研究所を設立。これはその後日本国体学会へと発展する。科学的国体論を提唱。朝鮮総督府の嘱託拝命は昭和十年九月から。関東軍参謀・石原莞爾《いしわらかんじ》の盟友であり、一番の理解者であった。

# 第2章

# 閔妃《びんひ》暗殺の真犯人

## お人好し日本人の軽はずみな所業

大韓帝国最後の皇太子である李垠《りぎん》殿下と梨本宮方子《なしもとのみやまさこ》様の結婚は、あからさまに言ってしまえば政略結婚だった。しかしお二人の結婚生活は誰もが羨《うらや》むほど、最後まで仲睦《むつ》まじかった。お二人は今、韓国ソウルの郊外、南揚州《なんようしゅう》市にある李朝王陵の集まる金谷陵《きんこくりょう》英園に仲良くお眠《ねむ》りになっている。毎年五月十日に墓前祭が行われるようになったのは一九九四年からである。

日韓教育文化協議会の一員として、私は何度もこの墓前祭に参列していた。

それは平成十七（二〇〇五）年のお祀りの日だった。空気は澄んで晴れた日だった。隣接する洪陵《こうりょう》（高宗《こうそう》・明成《めいせい》皇后陵）の方が騒がしいのに私は気づいた。人だかりができ、テレビのカメラやマイクが林立している。何だろうと思った程度だったが、翌日の韓国の新聞を見てその事情を知った。

洪陵には高宗とその妻・閔妃《びんひ》（明成皇后）が祀られている。その墓前に熊本から来た十二名の一団が謝罪に訪れていたのである。

よく言えば、日本人の善良さの表れとでも言えるのだろうが、お人好しのおっちょこちょいの所業としか言えない。私は新聞を見ながら「この人たちは何にも分かってないなあ」とため息をつくばかりだった。

閔妃暗殺のことだけを見ていけば、日本人が関わっているのは明白なことだから、日本人が悪いと憤慨する、あるいは申し訳ないことをしたと思い込むのは無理からぬところもあるかもしれない。

閔妃暗殺は、明治二十八（一八九五）年十月八日のことで、日清戦争の終結からほぼ半年後のことである。しかしこれはいわゆる「十五年戦争」史観と同じことで、満洲事変から日本の敗戦までの十五年を一連のものとして見ていくだけでは、真実が明らかにならない、その前後のことも分からなければ歴史の真実は見いだせない。これと同じで、閔妃事件もその前後に何があったかを理解しなければ、問題の本質は理解できないのである。

## 喜色満面の大院君

『巨人頭山満翁《とうやまみつる》』（大正十一年）という本がある。東京朝日新聞記者の藤本尚則による頭山満の伝記だが、頭山は三浦梧楼《ごろう》と親しく、この本には事件当時の朝鮮公使であった三浦自身が、時事新報記者に語ったという閔妃暗殺事件のその日の模様が綴《つづ》られている。

「誰が殺したかと言うなら、おれがやったと言うしかないさ」と冒頭からあっけらかんとしたものである。暗殺計画も事前から了承していたと言うが、この発言は事件のほとぼりがすでに冷めているからだろう。

事件は日韓双方の志士や守備隊（日本）、日本軍が指導して作られた訓練隊（朝鮮）らが、大《だい》院君《いんくん》を擁して明け方に王宮に突入し、閔妃排除を目的として起こしたものだった。

三浦は公使館にいて銃声も聞いている。まもなくして国王の高宗《こうそう》から呼び出され、三浦は王宮に赴くが、「鮮血が淋漓《りんり》として殿上に飛び散り」というひどい状態だった。高宗に会うと体がブルブル震えている。その傍らに名門の出らしき老人が高宗を罵《ののし》っている。公使として赴任してまだ四十日ほどで、三浦は大院君（高宗の父親）とは初対面だったのだ。大院君は三浦に気づいて頭を下げて色々しゃべりだした。感謝の気持ちで「気色満面にあふれているようであった」と言う。

その後、大院君は三浦を誘って王宮内の食堂で食事を共にする。

「老人食掛けの匙《さじ》を取って俺の口に入れるじゃないか、別嬪《べっぴん》の食掛けなら進んでアーンもするが、白髪《しらが》親父の歯糞《はくそ》の附いたのには俺もいささか辟易《へきえき》した。何でもこれはよほど親密な間柄において行われる韓国の風習だそうだ」

三浦が気持ち悪がっていたという記述に、いかにもリアリティがある。大院君が三浦や彼の配下の日本人たちの行動に、大きな感謝をしていることが見て取れるのだ。大院君の長年の宿願が成就した画期的な瞬間、会心の思いがこの行為に表れていた。私はこの話を読んで、韓国人の友人に聞いてみた。今でも親密な関係ならこういうことはするという話である。韓国ではご飯も箸を使わず、匙で食べる。

大事なことは、日本人壮士たちの行動は大院君の念願に合致していた、日本人と朝鮮人の合同の企てだったということだ。これを実行犯の遺族の人たちには肝に銘じてもらわねばいけない。

## 近代化の使徒・金玉均

幕末に開国した日本が西洋列強と結んだ条約はいわゆる不平等条約だった。それを対等なものに変えていくのが明治国家に与えられた使命だった。もう一つ対アジア諸国外交というのも明治国家が直面した課題であった。開国した日本にとって、周辺の国が国防上において安全であることは当然の念願である。そういうことから明治国家は一番近くの国である李朝朝鮮との修好を求めようとしたのだ。

しかし、先述したように日本使節の携えた国書に「皇帝」「皇勅」の文字があることが問題となった。これを使えるのは中華である支那だけだとして、朝鮮は日本にまともに対応しなかった。これが何度も繰り返され、日本を侮辱する行動も加わって、初めて「征韓論」が台頭してくるのである。

朝鮮の背後には支那がいる。日本が朝鮮と対等に交際するためには、その支那属邦体制下にある朝鮮を独立させなければならないという議論が日本国内で高まってくる。そしてこれに応じなければならないと考えていたのが呉慶錫《ごけいしゃく》という人だった。明治八(一八七五)年に起きた江華島《こうかとう》事件をきっかけとして、翌年修好条規が結ばれるが、朝鮮側では呉慶錫らが大きな役割を果たしている。この条約の大きな眼目は、朝鮮は支那から独立したということが正式に表明された点である。

呉慶錫は朴珪寿《ぼくけいじゅ》などと並ぶ通商開化論者で、金玉均《きんぎょくきん》の師となる人である。金玉均は朝鮮開化運動を果敢に推進していく中心人物だが、その思想を呉慶錫から受け継いでいる。呉慶錫の門下生から、金玉均や朴泳孝《ぼくえいこう》などの朝鮮独立党、開化派＝近代主義者が台頭してくる。呉慶錫は役人として清国に往来し、『海国図志』などという世界情勢を紹介した書籍などを朝鮮に持ち込み、広く啓蒙《けいもう》を図ろうとしていた。おそらく世界がよく見えていた、視野の広い人物だったのだろう。

金玉均が初めて日本にやってくるのは明治十四(一八八一)年十二月のことである。この滞在中に彼は終生の保護者・福澤諭吉と出会う。福澤もまた金玉均の聡明と果断な行動力を高く評価していた。

『学問のすすめ』という有名な書物があるが、「一身独立して一国が独立する」と福澤は書いている。これと反対に、「人民に独立の気力がない時は他人に依頼して悪事をなす」状態を彼は問題にする。朝鮮のことを念頭に置いていたかどうかは分からないが、すでにこの時には李朝朝鮮は内紛に明け暮れていた。明敏な福澤が知らないとは思えない。だからこそ彼は金玉均に大きな期待をかけたのだ。それは金玉均の死まで変わらなかった。

## 魑魅魍魎《ちみもうりょう》の「勢道政治」

高宗が李朝第二十六代の国王に即位したのは一八六四年で、十二歳の時である。前王に男子がおらず、養子として傍系から選ばれた国王である。子供だから、政治を行ったのは摂政《せっしょう》的な立場となった実父の大院君だった。その後約十年間は大院君の天下だったが、西洋列強の力が朝鮮にも押し寄せ、アメリカやフランスと軍事衝突をする時代でもあった。鎖国政策をとる大院君はこれに対抗して軍備拡張政策を取り、このために財政の窮乏化が起こる。そして両班《やんばん》には免除されていた税金まで徴収《ちょうしゅう》する増税政策を取る。国中に怨嗟《えんさ》の声が満ちてくる。

反大院君の声が大きくなるのはちょうど高宗が成人する頃だった。彼は父親から自立する意志を持っていた。そして国王として自ら政務を執《と》り始めたのだ。しかしこれは失敗する。理念のみの聖人君主を演じようとして、経済も分からないのに、国内に流通する清銭《しんせん》を回収した。自国貨幣は信用がなく、結果としてめちゃくちゃなデフレ現象が起きてしまい、財政は破綻《はたん》してしまう。これを批判されると高宗は独裁傾向をさらに強め、批判者たちを処刑した。批判者たちは大院君時代に戻せと上奏した。

また妻の閔妃の一族の発言権が強くなっていた。閔妃と高宗の結婚生活は一八六六年からで、高宗より一歳年上の閔妃を王妃として選んだのは大院君の妻で、彼女も閔氏一族の出身者だった。

閔妃の実家では跡継ぎの男子がいなかったので、大院君の妻は自分の実の弟を養子にして跡取りにした。この弟の閔升鎬《びんしょうこう》がこの時期の閔氏の最大実力者だったが、一八七五年一月五日の朝、届けられた爆弾により暗殺されるのだ。その場には閔妃の生母もいて彼女も死んだ。

驚くことにこの犯人は大院君だと言われている。なんと彼は妻の弟を爆殺したのだ。このようなおどろおどろしい政治暗闘が際限なく繰り広げられていたのが李朝朝鮮末期の実情だった。伏魔殿《ふくまでん》である。国王の外戚《がいせき》が大きな権力を握って、政治を恣《ほしいまま》にすることを「勢道《せいどう》政治」と言う。この時期は閔氏一族がそうだったわけだ。しかし元々は大院君が自らの政治安定を狙って、閔氏から嫁を取ろうとしたのだ。皮肉なものである。閔妃もまた義父に怒りの炎を燃やしたに違いない。魑魅魍魎《ちみもうりょう》の世界である。

## 朝鮮は清国の属国

この事件の八カ月後に江華島《こうかとう》事件が起こる。江華島付近を測量していた日本軍艦が江華島から砲撃された。日本は応戦して島を占領する。これがきっかけとなって翌年、先に述べた修好条規が結ばれる。朝鮮は財政が逼迫《ひっぱく》しており、消極的な開国だったと言われるが、呉慶錫《ごけいしゃく》のような人はどろどろした暗闘を続ける国内政治体制を変えるためにも、開国の必要を感じたのではないだろうか。

着任した初代日本公使は花房義質《はなぶさよしもと》だった。そして公使館付武官の堀本礼造が近衛兵隊の教官として迎えられる。この時期の高宗は親日的な態度を取ったが、実は日本を利用しただけだ。近代的近衛兵を考えた堀本と違い、高宗は国でなく〝自分を守る〟軍隊を重用しただけなのである。一八八一年秋には、大院君の庶子である李載先《りさいせん》がクーデター未遂で逮捕され、死を賜っている。つまり高宗は実は不安だったのだ。そして中国を宗主国とする事大派が、朝鮮を独立国として認めさせた日本に対して反発を見せており、彼らは大院君を担いだ。対立が激化していく。

高宗は財政破綻の中から自らを守る近衛兵にだけ予算を回していた。その他の軍隊には給料も食糧も出ない。一八八二年夏、これが原因で兵隊の大反乱が起きた（壬午《じんご》軍乱）。暴徒と化した兵隊は高宗の重臣を襲い、殺害し、王宮にも乱入する。大院君は暴動を利用し、閔妃を含めた対立する閔氏一族の抹殺を図ろうとした。高宗派と思われた日本も公使館が放火され、堀本ら十三名が殺害された。花房公使はなんとか仁川《じんせん》経由で逃れ、外国船に拾われて日本に帰国した。高宗は政権を父親に渡すことでこの抗争を収める。結果的なクーデターとなった。元々同じ一族。一旦死亡と発表された閔妃はなんと大院君の妻によって危ういところを救われていた。おどろおどろしい展開である。

これは当然外交問題となる。花房公使は軍艦三隻で強硬談判に及ぶ。この船に在日中だった金玉均が帰国のために乗り込んでいた。日本軍の駐留、賠償などを取り決めた済物浦《さいもっぽ》条約が結ばれた。済物浦は仁川の旧称である。

しかし清国も朝鮮に軍を派遣した。朝鮮は我が属国だから、外交交渉は我々とするべきだというわけだ。朝鮮を舞台に日中が衝突しそうになった。結局、清国軍は大院君を中国の保定《ほてい》（直隷《ちょくれい》省、後の河北《かほく》省）に拉致した。国王をないがしろにした責任を取らせるというわけだが、宗主国である以上、清国にはその資格があるという論理である。

朝鮮の近代的修好条約は日本相手が最初だった。その後アメリカその他の西洋諸国と国交を結ぶが、それらは日本と違い、清国の許可を受けての条約だった。福澤の言葉を借りれば、「一身独立」していない状態である。

## なきに等しい朝鮮の国家主権

清の介入は金玉均にはショックだった。この事件をきっかけに彼の朝鮮近代化運動と清国打倒の思想が固まるのである。

高宗は清国に膝を屈した。朝貢国であれば当然だが、日本に倣《なら》った近代化を推し進めようという「日本党」＝開化派には、この政治姿勢に不満が高じていく。

花房に代わった公使は竹添《たけぞえ》進一郎である。彼はなんとかして日本党の勢力を朝鮮国内に広げなければならないという使命感を持っていた。そうして起きたのが金玉均、朴泳孝らが挙兵した甲申《こうしん》政変である。一八八四年十二月四日、朝鮮で最初の近代的郵便局の落成式パーティを襲撃して、清国派官僚を一網打尽にし、日本党内閣を作り上げようというクーデター計画である。公使館附の日本軍の武力を背景に、一時は政権を掌握したが、首都に駐屯していた清国軍が介入した。日本軍に十倍する清国軍に、日本軍と日本党とは殲滅《せんめつ》され、竹添や金玉均らは日本に逃亡のやむなきに至る。公使館は炎上し、日本人の殉難者《じゅんなんしゃ》だけでも四十名に及び、朝鮮内の独立党の勢力は消滅という事態になる。

大事なことはこの政変で初めて日本軍と清国軍が戦った事実だろう。これはある意味で、十年後の日清戦争の前哨戦《ぜんしょうせん》である。また両国間の外交問題となったことで、翌年四月に天津《てんしん》条約が結ばれる。朝鮮内の両軍の撤退、将来重大な問題があって朝鮮に出兵する時は事前通告をすることが決められた。もうこの時点で、朝鮮の国家主権はなかったも同然ということである。

日本の影響を排除した甲申政変後の朝鮮王朝で、大きな政治力を握ったのは清国から派遣された袁世凱《えんせいがい》だった。この政変で袁世凱率いる清国軍を介入させたのは閔妃だとも言われる。袁世凱は朝鮮政治を「監国」する権限を得た。ちょうど日露戦争後の伊藤博文の「統監」とよく似た位置である。

しかしこれを嫌がった高宗は、前年一九八四年に修好条約を結んだばかりのロシアに密書で艦隊の派遣を要請しようとした。これを知った袁世凱は激怒する。二十年後に起こるハーグ密使事件（注1）で伊藤博文が怒ったのと同じ構図だ。袁世凱に屈服せざるを得なかったのも同じである。ハーグ密使事件で譲位を余儀なくされた高宗だが、袁世凱もこの時高宗を廃位しようとさえした。二十年後と同じことがこの時すでに行われようとしていたわけだ。少しも進歩しないのが高宗という国王だった。

天津条約から半年後の十月に大院君は朝鮮に戻ってくる。三年ぶりの帰国である。ロシアと軍事的つながりを深くしようとした朝鮮に対し、清国はこれに対抗させるように大院君を帰国させたわけである。閔氏一族との間に再び緊張が走る。ただ朝鮮内の大院君党は三年の間に国外に逃げるか、根絶やしになっており、彼は動きが取れなかった。

## 金玉均の暗殺

その後、朝鮮では清国に取り入って表面上は安定した政情が続いていた。しかし一八七〇年代に破綻した財政の朝鮮国の窮乏化は悪化の一途をたどっていた。経済もひどく、国民の生活は疲弊《ひへい》し、その不平不満が一八六〇年代に始まった「東学《とうがく》」という思想団体に吸引されるようになる。

それが指導者の全琫準《ぜんほうじゅん》によって組織され、軍事蜂起という事態になる。一八九四年二月のことである。しかしこれを鎮圧しようとした軍隊はあえなく敗北し、政府はついに清国軍の派兵を要請した。しかし日本もまた済物浦条約の条文によって派兵する。結局これが原因で、日清戦争が始まる。自国の問題を自国で解決できない無能な国の末路がこれだと言わなければならない。

同じこの年の三月二十七日、だまされて上海におびき出された金玉均は同行した洪鐘宇《こうしょうう》に

凌遅《りょうちけい》刑にされ、晒し者にされた金玉均の首

よって拳銃で殺された。高宗の回し者だが、つまりは閔妃の意向である。

石灰で防腐処理をされた遺体は朝鮮に運ばれ、漢江のほとりに四肢を断ち切られて晒《さら》し者《もの》にされ、国中に展観された。福澤諭吉は怒りをあらわにした。彼が日清戦争を「文明と野蛮」の戦いと呼んだのにはこうした理由があった。

晒し者にされた金の遺体の写真は有名になった。おかしいのはこれと同じものが韓国の天安市にある「独立記念館」に人形で展示してあることだ。日本が独立運動家を拷問して、最後は四肢を断ち切って殺したというのだが、実情は逆ではないか。「凌遅刑《りょうちけい》」という生きたまま肉体を切り刻む支那伝統の残酷な処刑方法を受け継いでいたのは朝鮮である。笑ってしまう。宣伝方法も支那を受け継いでいるが、嘘はすぐばれる。無駄なことはやめたほうがいい。

## 「文明と野蛮」の戦争

日清戦争は日本の勝利に終わるが、日清両国が朝鮮に出兵し、戦ったということで、これは甲申政変の大規模な再現であり、今度は日本が勝利したということになる。戦争の最中、朝鮮王宮を保護下に置いた日本は、重症状態の朝鮮の内政改革を迫っている。「文明と野蛮」の戦争が始まり、朝鮮は日本の管理下に入らざるを得なかった。文明化のためには仕方なかっただろう。

戦時中から戦後にかけての内閣は金弘集《きんこうしゅう》が中心になったものだったが、これは特命全権公使となった井上馨《かおる》の意向によるもので、それだけ期待される人材だった。

閔妃暗殺事件に関与した安達謙蔵《あだちけんぞう》の自叙伝にはこうある。「井上伯の対韓政策を約言《やくげん》すれば、韓国を内地同様の法治国とする方針の下に、先《ま》ず一大改革を断行して法制上完全なる内閣制度を確立し、厳格に宮中府中の別を立て、完備せる法典を制定して之《これ》に準拠して韓国国政を運用せしめるということであった」。

具体的には、大院君の摂政や閔妃の政治介入を排除する、内政改革要綱二十カ条を高宗に認めさせ、日本人顧問団を政府の要衝に配置して改革を断行しようとしたのだ。つまり日本は朝鮮に近代的な立憲君主国になって欲しかったのである。

しかし当時の公使館の一等書記官である杉村濬《ふかし》の『在韓苦心録』(注2)によれば、「前後の思慮なくぎしぎしと韓廷を責付《せめ》け」たために、朝鮮人はその干渉の強さに嫌気《いやけ》が差したほどだという。「立憲君主制」の思想的土台が元々ないのである。

この勢いは戦後の改革の中心が親日派の朴泳孝(内務大臣)となるまで続いた。日本党は再生されたのだ。

しかし戦後すぐに起こった三国干渉(一八九五年四月二十三日)が状況を一変させていく。大国ロシアに屈服した日本を見て、高宗や閔妃はロシアを利用して日本の影響を排除しようとする。朴泳孝は王宮を警備する親衛隊を親日派が多い訓練隊に代えようとした。しかし反逆罪で逮捕命令が出て、日本に亡命する(七月七日)。この後、ロシア公使のウェーバーと親しい米国人リゼンドルが宮中顧問となった。

帰国していた井上馨は朴泳孝の亡命後、急いで京城に戻る。しかし閔妃一派は大国ロシアの威勢を後ろ盾にして、井上の忠言を聞かなくなった。井上は閔妃の意向に沿った政治方針に従わざるを得なくなり、宮廷費用として三百万円を出そうとまでする。閔妃の得意や思うべし。

しかしこの頃、杉村の耳に入ってきた閔妃の発言は以下のようなものだった。

「日本人と閔氏は決して両立しない。土地を少しばかり失っても、仕返しをせねばならない。ロシアは強国で日本の比ではない。また君権を保護するとの条件があれば、これに頼るにしくはない」

一方、日清戦争の始まる前から、大院君は自分の孫である李埈鎔《りしゅんよう》を王位に就《つ》けようと企んでいた。宣戦布告前に日清の海軍が衝突した豊島沖《ほうとうおき》の海戦（明治二十七年七月二十五日）が起きた翌日、大院君は日本政府に閔妃を庶民に落とす「廃妃」を要請している。しかし日清の間で講和条約（明治二十八年四月十七日）が結ばれた翌日、李埈鎔は王位簒奪《さんだつ》クーデター容疑で逮捕される。大院君は発狂しそうだった。そして彼もまた京城郊外の孔徳里に軟禁されてしまう。

## 三浦梧楼と大院君の盟約

明治二十八（一八九五）年九月一日、三浦梧楼《ごろう》が新任の公使として着任した。しかし閔妃が支配する宮廷は新任公使を冷遇した。それどころか日本が要請する改革と正反対のことを猛然と開始した。第一に財政の独占。宮廷費の不足を補うと称し、前年度の予算から三カ月分を要求し、人参などのめぼしい財源を宮廷費に組み込み、造幣事業も政府から宮廷に奪おうとした。第二に官吏の任免、法律、勅令の発布権を宮廷に移行した。第三に内閣の組織に介入した。宮廷の威光に沿う大臣を勝手に任命（財政、軍部、警察）し始めた。これに逆らえば金弘集総理の命も危ない。

むろんこれに対する朝鮮人側の反発はあった。杉村書記官によれば、金弘集政権内部、朴泳孝派、大院君派は、宮廷に対抗するには大院君を担《かつ》ぐしかないと意見が一致していた。特に軍部協弁（軍部次官）を辞めたばかりの李周会《りしゅうかい》らが熱心に主張していた。李周会は大院君と近く、九月下旬、深夜に三回杉村を訪問して、悲憤慷慨《ひふんこうがい》の口調で大院君擁立《ようりつ》を説いた。

これまた大院君と近い洪顕哲《こうけんてつ》という人物は九月十日頃、公使館に手紙を送り、井上前公使の軟弱化が災いを招いた、今は大院君にお出ましいただかなければ、時世は救えないと論じていた。これを読んだ堀口久万一《くまいち》領事館補が九月末に大院君を訪問すると、大院君から三浦公使への手紙を託された。三浦に面会したい意向が綴られていた。

十月初め、三浦と杉村は相談し、大院君は曲者《くせもの》だが、他に方法はなく改革を続行するなら彼に託すしかないと議論が一致し、条件をつけて大院君がこれを守るなら、応援すると決まった。重要なのは以下の二つである。

王室の事務と国政の事務を峻別《しゅんべつ》し、国王を補佐することは構わないが、国政には関わらぬこと。金弘集、魚允中《ぎょいんちゅう》らの改革派を要路に立て、日本人顧問官のアドバイスを聞いて、独立の基礎を強固にすること——である。

杉村と三浦は大院君への使者に、岡本柳之助《りゅうのすけ》を選んだ。朝鮮政府の宮内府と軍事部の顧問だった岡本は前年の明治二十七年七月に大院君と初の会合をもって以来、その信任を得ていた。十月五日、岡本は大院君を孔徳里に訪ねた。岡本の持ってきた政務改革案の盟約状を読み、大院君は敢然《かんぜん》とうなずき、サインをした。三浦公使と大院君の盟約が成ったのだ。岡本は朝鮮王室の嫌疑を受けないよう、帰国するお暇乞《いとまご》いの訪問であると表面上は称していた。

またロシアは日本海側の天然の良港、元山《げんざん》港を租借しようとしているとの噂も飛んでいる。由々しい事態である。日本の国防に関わる問題である。三浦はロシアの影響を排除しなければならないと思ったに違いない。

安達謙蔵の自叙伝（昭和三十五年刊）によれば、「狐狩りはいつかはやらねばならぬ」と三浦が九月二十二日頃、安達に話したという。しかしこれが直《ただ》ちに閔妃殺害を意味するわけではあるまい。

杉村は『在韓苦心録』に、大院君の入闕《にゅうけつ》（王宮内に入ること）を熱心に主張しているのは李周会であると記している。入闕するには多少強引な手段が必要であろう。しかし杉村は入闕は朝鮮人主体で、元々日本人が関与することを好んでいなかった。また閔妃の殺害も予定していなかった。無事に大院君を入闕させれば十分だと考えていた。閔妃の権力を奪いさえすればいいのだ。これは三浦にも話したと思われる。

## 親日・訓練隊解散の陰謀

問題はいつどのようにして、大院君の入闕を実現するかであった。公使館に戻ってきた岡本、三浦と杉村は議論する。杉村の回顧によれば、訓練隊と朝鮮人壮士たちと大院君を連携させ、その後に行動の時期を知らせて、背後からこれを指揮するということにほぼ決まった。朝鮮人の壮士たちというのは李周会らのことだ。しかしぐずぐずしていたら、計画は洩れる。

七月に朴泳孝が反逆罪に問われたのは、王宮護衛の侍衛隊《じえいたい》（親衛隊）を親日的な訓練隊と交代させようとしたことが原因だった。手間取ったために閔妃側に先手を取られてしまったのである。今回も訓練隊の解散、金弘集総理大臣の解任（あるいは殺害？）となってしまえば日本党は一網打尽《いちもうだじん》である。

三人の結論は「十日に決行」だった。帰国という体裁になっている岡本は翌日六日に仁川に行き、待機することになった。

六日、杉村は三浦公使の内意を伝えるために、金総理を自宅に訪ねる。金は「まさに国家の危機であるが、自分は微力《びりょく》にしてこれを救うことはできない。やむを得なければ、大院君を煩《わずら》わせるしかない」と言う。その日の夜、訓練隊が警務庁を襲撃したと言って大騒ぎになる。元々警務庁と訓練隊とは互いに仲が悪かったのだが、訓練隊担当の日本軍士官が警務庁の宿営を訪ねてみると静謐《せいひつ》そのものである。士官は、「ははあ、これは訓練隊を解散させるための口実を作っているのだ」と直感し、公使館に報告する。

翌七日午前、軍部大臣の安駉寿《あんけいじゅ》（閔妃派）が公使館にやってきて、訓練隊解散の内命が出たことを伝えに来た。昨夜の調査報告を聞いていた三浦公使は、「訓練隊は我が国の好意で近代的な軍隊に作り上げたもので、この国には兵隊らしい兵隊は訓練隊以外にないではないか」と、いささか怒気を含んだ口調で述べた。完全に日本の影響を排除するつもりである。この時点で、閔妃の命がどうなってもかまわないと三浦が思った可能性はある。

ちょうどその時、訓練隊の第二大隊長である禹範善《うはんぜん》が血相を変えて三浦に会いにやってきた。むろん訓練隊解散の問題で現れたのだ。彼も憤《いきどお》っていた。危機は迫っている。ぐずぐずしてはいられない。同じ問題で公使館にやってきた馬屋原務本《まやはらかねもと》京城守備隊長に、杉村は「十日では遅い、明朝にでも決行しよう」と提案する。馬屋原は大丈夫だと答える。

三浦も同意した。そして大院君を動かすために必要な岡本を仁川から呼び戻すための電報を打つ。しかしこれが手間取り、ようやく岡本と連絡がついたのは午後四時頃だった。

## 大院君の決意

杉村は入闕《にゆうけつ》の具体化の方法を考えた。まず岡本を十二時頃までに京城に船で戻らせる。麻浦で上陸し、孔徳里に向わせる。訓練隊の第二大隊の一部をして、八日午前二時に孔徳里に大院君を迎えに行かせる。その他は王城の内外に待ち受けて、大院君の入闕の護衛にあたる。第一大隊は王城外に待ち、大院君とともに入闕する。李周会以下の朝鮮人の壮士たちも孔徳里に向かわせる。

三浦も同意したが、朝鮮人のみではははなはだ案ぜられるとして、十人ほどの民間の日本人の助力を安達謙蔵に要請することを提案した。杉村は了解し、彼ら日本人には朝鮮服を着せること、できるだけ王宮内に入らないこと、入ったとしても夜明け前に出て、日本人が関係していることを知られないようにすることを安達に諭した。

安達は承知して帰宅した。彼は自らが京城で経営する『漢城新報』の社員に助力を頼もうと考えた。本章の冒頭で触れた明成皇后（閔妃）の墓前で謝罪していたのは熊本県から来た人たちが主だったが、それは王宮に乱入した四十数名の日本人民間壮士のうち二十一名が熊本県人だったという理由もある。安達謙蔵も熊本県人で、『漢城新報』の社員には熊本出身者が多かった。

この時点で、閔妃の反日姿勢は京城の日本人社会に知れ渡っていた。日本人たちは閔妃に対する敵意をすでに持っていた。新聞社には情報を得るために、日本人たちがやってきていた。社員たちは知り合いの日本人に決起することを秘かに漏らしたのだろう。

安達は次の日の新聞発行が心配だった。そのため編集長の小早川秀雄には声をかけなかった。小早川は自分が疎外されていると感じて泣いた。結局彼も参加することになる。そうして日本人民間壮士は四十数名に膨《ふく》れ上がっていった。

小早川は後に熊本県会議員や九州日報社長などを歴任し、大正九（一九二〇）年に亡くなっているが、『閔妃殂《そ》落《らく》事件』（注3）という記録を書き残している。これに小早川は実に詳しく、閔妃殺害の当日前後の模様を書き綴っている。

それによれば、安達ら三十名ほどは軍隊が警備する王宮内に手ぶらで入れるとは思っていない。日本刀を毛布に包んで麻浦に向った。残りの十名程は景福宮の南にある光化門で待機することになった。

麻浦に上陸した岡本とともに安達らは孔徳里に向かう。彼らは警備の警察官十名ほどを捕え、倉庫に押し込めた。大院君は寝ていた。岡本と堀口はこれを起こし、これから入闕する計画を話す。大院君と孫の李埈鎔《りしゆんよう》は欣喜雀躍《きんきじやくやく》した。

午前二時頃、大院君は輿《こし》に乗って出発した。李周会が先導し、岡本がこれに続く。日本人壮士たちや訓練隊がこれを護衛した。

小早川が感心しているのは大院君の豪胆さである。その態度や様子は、平時と少しも変わらず、悠然《ゆうぜん》と落ち着き払っていた。途中輿を下ろして休憩する度に、自分が王宮に入るのを邪魔する者がいたら、すぐに斬り捨てよ、危害を加えてならぬのは高宗と王太子だけだと訓示する。斬るべき大臣の名前を幾人も挙《あ》げた。小早川は、大院君の言うとおりに実行していたら、京城中は「さらに惨憺《さんたん》たる悲劇を演出」していただろうと記している。大院君には、たとえ日本人であろうと、その行動を指図するのは自分だという強烈な自負があったのだ。

「現在、奸臣《かんしん》が宮中にあって国王をないがしろにし、国家の危機は座視できないものがある。そこで予は断然立って宮中に入り、奸邪《かんじや》を退《しりぞ》けて国家を安泰ならしめようと思う。汝ら、幸いに予のために力を尽くせ。もし予の宮中入りを妨げる者がいたら、直ちにこれを打ち払え」

これが大院君の言葉だが、「奸臣」が誰かは言わなくとも分かる。閔妃の殺害を意図していなかった杉村濬《ふかし》は前出の『在韓苦心録』で以下のように述べている。もし初めから日本軍と壮士のみを使用して、王妃の殺害を計画していたならば、大院君を引き出す必要はない。大院君も厄介者《やっかいもの》であることは以前から分かっている。ただその害は王妃ほどではない。毒を以て毒を制するのだと。

しかし次の言葉は重要だ。「大院君が入闕の後王妃を如何《いか》に抑制するやは一に同君の方寸《ほうすん》(心)に打任せ当初我が念慮《ねんりよ》は全くここに及ばざりし」(原文カタカナ)。

杉村はある意味、理想主義者だったのだろう。彼の意図とは裏腹に、大院君の決意は日本人壮士たちを煽るほどだったのだ。杉村は公使館に待機していた。三浦もまた大院君に任せるしかないと思っていただろう。

## 閔妃事件は日露の血みどろの抗争

計画があわただしく繰り上がったことと、大院君の警護部隊とそれを待ち受ける禹範善《うはんぜん》の指揮する訓練隊や、日本軍守備隊の相互の連絡がうまくいかず、王宮侵入予定の午前四時が過ぎてしまう。もうとても杉村の意図した隠密行動は無理となった。早起きの朝鮮人たちから一行はジロジロと見られるようになっていた。

しかしともかく長梯子《はしご》をかけて侵入する予定の光化門にやってきた。

王宮侵入を目撃し、記録していた人物は他にもいた。新聞記者の菊池謙譲《けんじょう》である。彼によれば、先頭に李周会、具然寿《ぐぜんじゅ》、安達謙蔵の『漢城新報』部隊、警察隊十名、次に禹範善が指揮する訓練隊、その次に大院君、それを警護する日本人壮士十名、その後に日本軍一個大隊といった順序だったようだ(菊池謙譲『近代朝鮮史』昭和十五年刊)。

長い梯子で門内に入った者が門の鉄扉を開いて、一行は王宮内部に入ることができた。その時点で一行の気合は凄《すさ》まじいものがあったようだ。小早川は書く。

「大院君の輿は、守備隊、訓練隊および一行三十余名に守られて光化門より入ったが、この時意気を奮い起こした一行は、思わず喊声《かんせい》を上げて突進した」

王宮には銃を待つ約七百名の侍衛隊が警護していた。それを知っていた小早川は刀を持ってはいても死ぬ覚悟だった。しかし日本軍が訓練した訓練隊と比べて、侍衛隊はお話にならないほどの弱兵だった。

すべてのことが終わるまで三十分程度だったと言われる。閔妃殺害は意図的というより、勢いだったのではないか。

日清戦争の勝利を反故《ほご》にしかねない、朝鮮王室を蚕食《さんしょく》するロシアに対する日本の危機感、閔妃を排除するという大院君の毅然《きぜん》たる意志、これらが相まって十月八日の事件に収斂《しゅうれん》していったのだ。

閔妃暗殺事件の重大さは、日本政府を驚愕させた。三浦は召還《しょうかん》され、他の日本人関係者も裁判にかけられることになる。同時に、三浦公使が日本に呼び戻された時点で大院君は力を失ったのだ。むろん金弘集内閣も支えを失ったのである。

それから二カ月も経たない十一月二十八日には、ロシア派による親日政権（金弘集内閣）転覆を狙うカウンタークーデターが起きた（春生門事件《しゅんせいもんじけん》）。これは失敗するが、翌年一月には、高宗がロシア公使館に逃げ込む事件が起きる（俄館播遷《がかんはせん》）。ロシアによる完全な朝鮮王室抱き込み工作は成功し、内閣は瓦解《がかい》し、金弘集や大臣の魚允中《ぎょいんちゅう》は殺される。日露戦争の足音がヒタヒタと聞こえ始めた。

閔妃事件の真実は日露派双方の、血みどろの抗争、対立というダイナミックな構図から分析されねばならない。

このダイナミズムを理解している韓国の研究者もいる。『閔妃は誰に殺されたのか』（彩流社、平成十六年刊）を書いた崔文衡《さいぶんこう》教授である。副題に「見えざる日露戦争の序曲」とあり、事件はこれで終わったのではなく、新たな動乱の幕開けだったことを彼は理解している。また朝鮮開国以来の様々な外交事件を取り上げて、その過程での閔妃と日本政府の軋轢《あつれき》の高まりがあることを指摘してもいる。

崔教授は暗殺の黒幕は三浦公使ではなく井上馨である、つまり日本政府総体による犯意の遂行《すいこう》だと理解している。どのような理解をしようと自由だろうが、閔升鎬《びんしょうこう》爆殺事件のことは著書の後ろの年表に一行で片付けられている。大院君と閔妃一族との血で血を洗う抗争の発端ともいうべき事件のことに言及しないのはいかがなものだろうか。

一番の問題は外国の勢力を利用して権力を握ろうという小賢《こざか》しい人物ばかりが李朝末期朝鮮の政治の中心にいたことだ。独立する気概がない国家はこのようにして不幸を招き寄せるのである。一番かわいそうなのは庶民である。日本と併合して安定した社会の下、朝鮮は初めて近代化の道を進むことができたのである。否応《いやおう》なしに彼らが選ばねばならない道だったのではないか。

## 首謀者は本当に「ゴロツキ」か

閔妃暗殺の下手人を日本人壮士のゴロツキだとして、強烈に非難する論者に共産党系の評論家、山辺健太郎がいる。戦前は非合法の活動で、牢獄に入っていた人物である。

「この凶行の主役は日本の陸軍で、閔妃殺害の手を下したのは日本のゴロツキだった」(山辺健太郎『コリア評論』昭和三十九年八月号)。

閔妃の墓前で土下座していた人たちも、自分たちの祖先をゴロツキと認めるのだろうか?

主役は日本軍だと山辺は言うが、訓練隊を指導していたのだから、その首尾を見届けておくのは義務でもある。王宮内に深く入った士官や兵隊もいるようだが、そのほとんどは光化門あたりに留まっていたと思われる。

山辺は閔妃殺害の犯人を特定している。高橋源次こと、寺崎泰吉である。残念なことに熊本県人でなく、横浜市出身である。山辺はその証拠として、事件の一カ月後、関係者の鈴木重元に宛てた寺崎の手紙を引用している。

「実に面目次第もこれなく、只今まで鬱憂《うつゆう》まかりあり候処《そうろうところ》、今一友《いちとも》の話によれば、或いは王妃なりと。然れども疑念に堪えず候ゆえ、この儀真否《しんぴ》ご承知に候はば、ご一報成し下されたく万《ばん》願い奉り候」（傍点田中）とあって、斬ったのが王妃かどうかは分からないでいる。山辺の勇み足だろう。

寺崎は王宮内で作ったという漢詩も手紙に綴っている。

国家衰亡非無理　　国家の衰亡は当然というしかない
満朝真無一忠臣　　朝廷に真の忠臣は一人もいない
宮中暗憺雲深処　　宮中は薄暗く深い雲のようだ
不断讎敵斬美人　　かたきを斬らずして美人を斬る

「讎敵《しゅうてき》」とは閔妃のことだろう。閔妃を斬るつもりでいたのは確かだが、間違って別の女官を斬ってしまったと悔やんでいるのだ。優しい男なのである。

また『中央公論』(昭和十年一月号)には、壮士の一人である藤勝顕《とうかつあき》が殺害犯であるとする「閔妃殺し」なる小説が掲載された。作者は新聞記者でもある小説家の平山蘆江《ろこう》である。藤勝顕は玄洋社員だった。これまた残念なことに福岡県人である。

平山は最後に書いている。閔妃は「どこまでも自己中心で、皇帝を思わず、韓国を思わず、只、狭い女心の我欲にのみ進んで、こうした悲惨な結末を見たのだ」と。寺崎の漢詩と同じ感懐だろう。

平山は新聞記者としての取材を基にこの小説を書いたようだ。翌昭和十一(一九三六)年に刊行された黒龍会編『東亜先覚志士記伝』(下)列伝中の、藤に関する記述を読むとその根拠とする理由が明らかになる。以下要約。

閔妃事件には其の事に参画し、中村楯雄と共に最も重要な役割を果たしたと言われた。韓国政府は彼らの首に賞金一万円を賭けて、藤は二度まで刺客に襲われた。また博多の産土神《うぶすな》である櫛田神社に忠吉の銘刀一振《ひとふり》を奉納し、『之《こ》れ韓王妃を斬って爾後埋木《うもれぎ》となったものなり』(傍点田中)との旨を記し、当年の詠歌一首を添えた。

我愛《わがめ》でし太刀こそけふは嬉しけれすめら御国《みくに》のために尽しつ

これを読めば、藤が自分を閔妃殺害の真犯人だと自覚していることは明らかだ。確かに彼も寺崎と同じように女官を斬ったことは確かなようだ。しかし金弘集内閣の大臣だった鄭秉夏《ていへいか》は、他の女官で殺された者はいない、つまり死んだ女は一人だと証言している。曖昧模糊《あいまいもこ》とした部分は今も残る。

しかし閔妃を斬ったのは彼らだとしても、彼らは本当に山辺が非難するようなゴロツキだろうか。彼らは金玉均を凌遅刑《りようちけい》にした首謀者は閔妃だと思っていたはずだ。上海に刺客を派遣したのは閔妃だと確信していたはずである。

大院君への使者の役割を果たした前出の岡本柳之助と金玉均との関係は、金が日本に派遣された頃、また甲申事変で日本に亡命する頃からのものだった。朝鮮改革に尽力する彼を、岡本は福澤諭吉らとともに支えていた。金玉均が上海で殺害されたときは、自分が金の骨を拾いに行くと言って出かけて行った。むろん結果として無駄足となった。

岡本柳之助は上海で日本領事に会い、各国領事会議を開かせ、金玉均を残酷な凌遅刑にしないよう合同で朝鮮政府に勧告するよう要請したほどだった。閔妃は彼らには敵討ちの相手でこそあれ、同情すべき余地の全くない女である。

また巧拙は別にして、彼らは漢詩や和歌をたしなむ教養を有している。藤は頭山満より四歳下で、頭山と同じく、筑前の女傑・高場乱《たかばおさむ》の興志塾で学んだ。寺崎も藤も文武両道を以《もつ》て、幕末の開国とともに大陸に雄飛していった憂国の志士と言うべき人物である。

しかし寺崎も藤も閔妃の顔は知らない。女官を斬ったことは確かだ。その女が閔妃であることを証明できるのは彼女を知っている人物のみとなる。その人物の示唆により、彼らは閔妃(女官)を斬ったのではないだろうか。

## 閔妃殺害を示唆した男・禹範善《うはんぜん》

その人物である可能性が高いのは訓練隊隊長の禹範善《うはんぜん》である。彼は一八五八年の生まれ。金玉均より七歳年下だが、ほぼ同じ頃に日本にやってきた。金玉均と同じように日本の現状を見て、日本と手を結んで朝鮮を近代化する必要を痛感したようだ。そのことを大院君に直訴《じきそ》したこともある。

しかしその後、閔妃一族の天下となり、彼は雌伏《しふく》の日々を過ごす。時機到来となったのは日清戦争である。金弘集親日内閣の成立とともに、近代的軍隊である訓練隊の大隊長に任ぜられたのだ。そして閔妃事件に参画する。禹範善はおそらく宮廷内の風習に詳しく、閔妃を王宮内で見かけたことはあると思われる。彼は藤らに閔妃が誰かを教えたのではないだろうか。

明治四十(一九〇七)年七月、前述のようにハーグ密使事件で退位した高宗に代わり、長男の純宗《じゅんそう》（閔妃の息子）が即位した。その純宗は、「自分が目撃している、禹範善は国母の仇だ」と長谷川好道統監代理に公文書で回答している（「往電第三十一号」明治四十年八月三十一日）。

彼は禹範善が閔妃を指し示すのを目撃していたのだろうか。

事件後、禹範善は日本に亡命した。藤たちが危ない目に遭ったように、彼にもむろん命の危険があった。そのうち彼はある日本人女性、酒井ナカを見染めた。二人は結婚し、そして子供も誕生する。

禹範善親子

以下は『日本外交文書第三十六巻第一冊　韓国雑件　刺客往来』による。

事件の噂も静まった明治三十五（一九〇二）年、禹範善は同国人たちとの宴席（兵庫県）で、閔妃の殺害者は自分だと告白した。それを聞いていた尹孝定《いんこうてい》は自分の栄達を考えて、禹範善を殺そうと画策し、高宗の後妻である厳妃と親しい高永根《こうえいこん》を誘った。

高永根は承知したが、後に心変わりを

して、この計画を日本の警察に密告した。そのために尹孝定は国外退去の処分を受けた。しかし高永根はこの計画を放棄していなかった。

日本の警察も禹範善に十分警戒するよう注意し、警護を付けたが、禹範善はこれを断った。そういう禹範善に高永根は言葉巧みに近づいて行った。禹範善を油断させる策略は成功した。明治三十六（一九〇三）年十一月二十四日、禹範善は当時住んでいた広島県呉市の民家で、高永根とその手下によって殺害された。

高永根とその手下は自首し、高永根は死刑の判決を受けた。しかし翌年二月に戦争が勃発するような、日露関係が極度に緊迫している情況であった。大韓帝国をロシア側に付かせないために、日本は高永根を特赦にするという処分にしている。

韓国宮廷は禹範善暗殺を祝してひそかに宴席を設けて祝杯を挙げたという。

ついでながら、その後日譚を述べておこう。

禹範善とゆかりのある呉市の神応院には現在、禹範善の碑が立っている。墓は福澤諭吉の門下生であり、金玉均を始め朝鮮の志士たちを保護、応援していた須永元《すながはじめ》の菩提寺である佐野市の妙顕寺にもある。

禹範善には二人の男の子が授かった。長男は長春、弟は洪春、ともに帝大を出た秀才である。長春は帝大農学部に学び、農学博士号も取った。学費もかかったが、日本人の応援もあった。

特に朝鮮総督を務めた斎藤実《さいとうまこと》は熱心だった。

第二次大戦後、禹長春は朝鮮戦争の終結した韓国に赴き、父の国の戦後復興の一翼を担った。野菜の品種改良や収穫増加に尽力し、韓国人の生活になくてはならないキムチの改良に貢献した。ソウル南部の水原《すいげん》の農業試験場には彼を記念するレリーフがあり、釜山《ふざん》には記念館がある。日本人女性を母に持つ彼は、同時に韓国の愛国者でもあったのだ。夫がなぜ殺されたかを知る母親ナカの教育も立派だったのだろう。禹長春の娘は京セラの創業者・稲盛和夫氏の妻となっている。

## 興亜の偉人――武田範之《はんし》小伝

王宮に乱入した人物の一人に武田範之《はんし》という日本人がいる。明治という時代を颯爽《さっそう》と駆け抜けた、まさに風雲児というべき存在である。この事件に関与した日本人たちが山辺健太郎の言うようなゴロツキでなく、また卑小な理由で行動を起こしたのではない証拠として、彼の簡単な伝記をここに試みてみたい。

武田範之は文久三（一八六三）年、九州の久留米藩士の澤《さわ》家に生まれた。維新後に医家である武田家の養子となったが、そのきっかけは実父が明治四年の「丸山作楽《さくら》」事件、政府を打倒してでも征韓を実行しようという計画に関係したことにある。

武田はその学徳が江戸時代初期の陽明《ようめい》学者・中江藤樹《なかえとうじゅ》と並ぶと称された儒者の「八女《やめ》聖人」江碕巽庵《そんあん》塾に入門し、たちまちその才能を開花させた。

十九歳にして京都に出、翌年には東京に出遊《しゅつゆう》して、中村正直《まさなお》の同人社に入る。中村の『西国《さいこく》立志編《りっしへん》』（サミュエル・スマイルズ著『Self Help』の訳書。別邦題『自助論』）編纂《へんさん》に携わっている。しかし武田は中村のあまりな西洋かぶれを筆誅して共貫義塾に移る。共貫塾創立者の神原精二《かんばらせいじ》は丸山作楽事件の関係者であり、武田はすぐにここの塾頭となる。

しかし明治十六（一八八三）年初頭のある晩、ふと満天の星空に北極星を見て宇宙の荘厳性に心を打たれ、深山において修行をしたくなり塾を出奔《しゅっぽん》した。

飛騨や赤城の山を放浪し、知り合った千葉の医師井上好人とともに出家を思い立ち、京都に向かう。ちなみにこの井上医師は昭和の血盟団事件の首謀者である井上日召《にっしょう》の父親である。

しかし中仙道の関山町で井上が病気になり、一文無しの二人は治療費も払えず、武田は得意の漢詩を作って医師に贈るしかなかった。するとその詩の見事な出来栄えに医師は驚き、近くの禅寺、宝海寺の住職に紹介する。ここにおいて武田は初めて禅宗に目覚める。また旅宿の女将の実家が新潟県頸城《くびき》郡の古刹《こさつ》・顕聖《けんしょう》寺の檀家であり、その縁でこの寺で得度《とくど》することになる。明治十七年の暮れから翌年の春まで、近くの板屋不動の雪も凍る洞窟に籠って武田は一心不乱に仏典を読み続けた。大蔵経は三度読破した。

翌年春、九州の竹馬の友・関常吉が武田に会いに来た。甲申《こうしん》事件で朝鮮は風雲急を告げ始めた、お前は天下のこの時勢から遠ざかるべきでないと説得しに来たのだ。関の懸命の説得に応じ、武田は一旦山を降りた。しかし朝鮮改革はすでに一敗地にまみれており、武田は再び顕聖寺に戻る。

明治二十三（一八九〇）年、再び関の要請に応じた武田の姿は対馬にあった。

彼はここで朝鮮民衆救済をめざす東学党《とうがくとう》を知り、同志として李周会《りしゅうかい》と知己となった。一八四四年生まれの李は大院君に知遇を得ており、武田が筆談中に「閔妃」と書くと、その字に抹殺の印を付ける人物であった。金玉均や禹範善《うはんぜん》より年長だが、二人と面識があり、朝鮮の国家体制を改革せねばならないという思いは共通していた。

また武田は博多に渡り、玄洋社の同人たちと相知ることになる。時はめぐり、父や神原がなせなかった征韓を彼が実行する運命となったのだ。

明治二十六年初夏、武田は釜山に渡り、有馬屋旅館にわらじを脱いだ。そこに続々と本間九介、吉倉旺聖、大崎正吉などの豪傑が集まってきた。有馬屋は〝梁山泊《りょうざんぱく》〟となったのだ。

翌年三月、武田も手紙をもらったことがある金玉均が上海で暗殺され、その半月後には虐政への怨《うら》みから東学党の反乱（甲午《こうご》農民戦争）が全羅道《ぜんらどう》に起こった。梁山泊にはさらに鈴木天眼や内田良平らがはせ参じ、合計十四名となり「天佑侠《てんゆうきよう》」と称した。

武田は「排清興韓《はいしんこうかん》（清を排し韓を興《おこ》す）」を東学党の指導者・全琫準《ぜんほうじゅん》に説き、盟約も成る。しかしそのときには彼らは政府軍に惨敗していた。その後日本軍の誤解もあって東学党軍は日本軍と戦い、全琫準は捕えられ、朝鮮政府に引き渡されて処刑される。

一方天佑侠は違法犯として官憲に追われる身となって解散を余儀なくせられ、武田は熊本の志士・宮崎滔天《とうてん》など隠れ家を転々とした。

日本の勝利に終わった日清戦争だったが、朝鮮問題は解決しなかった。朝鮮は三国干渉に屈した日本を見限り、頼る相手を清国からロシアに替えたのだ。日韓の志士たちの危機感は高まった。

明治二十八年九月、武田は京城に入り、李周会と再会する。李は軍部協弁（軍部次官）を辞めたばかりだった。協弁になったきっかけは、彼が同志を募って、東学党を倒そうとする軍事活動をしていたからだ。その指揮ぶりを日本軍に認められ、当時の井上馨公使の推薦で、軍部協弁となっていたのだ。

しかしその後、閔妃一派が専横するようになり、危機感を持った彼は閔妃を政治から遠ざけるよう、死を賭《と》して高宗に直訴した。高宗は怒ったが、李を死刑にする度胸はなかった。

職を辞した李周会は、大院君と日本志士たちの連絡を取り持ち、閔妃一派を倒すクーデター計画が三浦梧楼公使を巻き込んで進展していく。

武田も襲撃に参加した。襲撃後、李周会ら三名の朝鮮人が自首して出た。三浦公使らが責任を取らされ、日本に戻されることがなければ、李周会は自首する必要を認めなかったようだ。三浦の退韓命令は十月十八日で、すぐに李周会は自らが責任を取ろうと思った。翌十九日に死刑に処せられた。

日本に送られた武田らの日本志士は監獄につながれるが、証拠不十分という理由で三カ月後に釈放された。

武田は一応顕聖寺に戻り、明治三十三（一九〇〇）年には顕聖寺第三十一世住職に就任する。それからは寺内の書院を日韓の志士たちのために開放した。禹範善もやってきて泊まった。

明治三十四年、内田良平が黒龍会《こくりゅうかい》を組織すると、武田はその幹部として迎えられた。

明治三十七年にはまたも韓国問題が原因で日露戦争が起こる。金玉均と共に韓国近代化運動をしていた宋秉畯《そうへいしゅん》は、全琫準《ぜんほうじゅん》の参謀長だった李容九《りようきゅう》と提携して一進会を組織し、日本軍に協力した。戦時中に第一次日韓協約、戦後の三十八年には明確に韓国の保護化を謳った第二次協約が結ばれる。

統監府嘱託として京城にいた内田良平は、日韓合邦のための総参謀長として武田和尚《おしょう》を迎えに来る。明治三十九年末のことで、武田は「南山松譜《なんざんしょうふ》」と題する合邦秘策を内田の名前で書き上げ、伊藤博文統監らに送る。

翌年六月、前述したハーグ密使事件が起こり、それが七月の高宗の退位に結びつき、第三次日韓協約が結ばれる。しかし皇帝退位は宋秉畯《そうへいしゅん》、李容九《りようきゅう》らのかねての目的であった。しかしこれが原因となり、朝鮮各地で暴動が起きる。その鎮定のために日本軍が出動するが、武田や李容九らも「自衛団」を組織し、宣撫《せんぶ》活動のために全国に出かけた。

この合邦進展過程で、日韓の志士たちの間に様々な軋轢《あつれき》や誤解を生ずることもあった。それでもその団結が崩れなかったのは、武田和尚の磐石《ばんじゃく》たる存在あるがゆえで、韓国側の一進会員たちからは、深い学識と徳望を持つ精神的指導者として崇《あが》められていた。

明治四十二（一九〇九）年十月、伊藤博文が安重根《あんじゅうこん》によって暗殺される。大事件だったが、和尚らはこの機会を利用して日韓合邦を実現することが伊藤の弔《とむら》いになると考えた。十二月四日、一進会は和尚の手になる文案の合邦請願書を出す。その後も様々な軋轢があったが、翌年八月二十二日に日韓併合がなった。しかし一進会は解散させられ、その費用として日本政府は十五万円を与えたが、これはあまりに少ない額だった。

一進会が計画していた「殖産興業を目的とした国民自治自存による全鮮三百四十四郡『自治財団』の設立と、屯田兵《とんでんへい》式の満洲移民計画」（『李容九の生涯』大東国男《おおひがしくにお》著）は全く手を付けられなかった。併合後に問題は残った。ちなみに、『李容九の生涯』の著者、大東国男は李容九の遺児である。

しかし日本政府も財布はカラに等しかった。日露戦争最終年度、明治三十八年の歳入は約三億円で、戦争のための内外公債の発行高は十六億円にも上っていた。戦後何十年もかけて、これを償却《しょうきゃく》していかねばならなかったのだ。一進会に対して、決してシブチンではなかった。併合に多大な貢献をしていた武田だったが、爵位《しゃくい》や功労金などはいっさい固辞した。

武田和尚は酒と煙草が欠かせない人だった。雄渾《ゆうこん》（よどみなく堂々とした）にして流麗なその文章も酒を飲みながら書かれたものが多い。それがたたってか、喉頭癌《こうとうがん》で明治四十四年に亡くなった。まだ四十八歳だった。朝鮮人に大きな信頼を受けていた和尚の死は、併合後に起きる様々な問題処理の最適の解決者を日本が失ったことを意味するのである。

なお、刑死した李周会の骨は山野に捨てられ、その後、郷里の地に仮埋葬されていたが、事件から三十四年目の昭和四（一九二九）年、頭山満や内田良平が世話人となり、京城・龍山《りゅうさん》の瑞龍寺に李周会ら朝鮮人刑死者三名の墓が作られた。

（注１）ハーグ事件　一九〇七（明治四十）年六月、高宗がオランダのハーグで開かれたハーグ平和会議に密使を派遣し、第二次日韓協約の無効を訴えた事件。訴えは相手にされなかったが、日本政府の抗議によって高宗は退位し、韓国政府に対する日本の関与を強めた第

三次日韓協約が結ばれる。
（注2）杉村濬《ふかし》の『在韓苦心録』の原稿は明治三十七年にできているが、刊行されたのは昭和七年である。杉村はすでに死亡、刊行者の杉村陽太郎は彼の長男で、やはり外交官である。
（注3）『閔妃殂落《そらく》事件』は大正初期に書かれたと思われるが、公刊されたのは昭和三十七年、『世界ノンフィクション全集』第37巻に所収。

# 第3章

# 「白磁の人」浅川巧《たくみ》が生きた朝鮮統治時代

## 日本軍を暴力団扱いする日本人映画監督

『道――白磁《はくじ》の人』は平成二十四（二〇一二）年に全国で公開された日本映画である。日本が朝鮮を統治していた時代（一九一〇〜一九四五）を描いているのだが、それが実に歪んでいる。由々しい作品というしかない。

パジチョゴリを着た青年が京城《けいじょう》の町を歩いている。それを見とがめた日本軍人が「おい、お前は日本人だろう」と因縁をつけるのだ。青年は朝鮮語で返事をする。有無を言わさず軍人は青年に暴力を振るい、足蹴《あしげ》にして拳銃を突きつけ、引き金を引く。空砲だった。

軍人は日本青年が朝鮮語を使い、朝鮮の民族服チョゴリを着ていることが気にくわなかったというわけだ。逆に言えば、朝鮮人が日本語を使い、伝統的な服装を捨てれば、軍人はそれで満足するということだろうか。

足蹴にされた青年は映画の主人公で浅川巧《あさかわたくみ》という。実在の人物で、韓国併合後まもない大正時代初期に朝鮮にやってきた農業技師である。彼は朝鮮の林業の発展に尽くし、また朝鮮の焼き物や日常雑器に美を見出し、民芸運動をやっていた柳宗悦《やなぎむねよし》とともに、それを世に訴えた人物として知られている。『朝鮮の膳』『朝鮮陶磁名考』などの著作を残している。朝鮮語を話し、朝鮮の民衆に優しかった人物だった。

浅川は映画の中で、その後も軍人に暴力を振るわれる。朝鮮人に理解を示す浅川が気に入らないというわけだ。

彼は昭和六（一九三一）年に四十歳で急性肺炎のため亡くなるが、映画の中で彼に世話になった朝鮮人たちが彼の棺《ひつぎ》をかつがせてくれとやってくる。映画で最も感動的なシーンと言えるだろう。ところが、日本軍人たちがその葬列をぶち壊しに殴りこんでくる。

この映画に出てくる日本軍人はほとんど暴力団と言って過言ではない。粗暴で知性も教養のかけらもない。京城を走る電車に乗り込んできて、座っている朝鮮人に「おい、そこをどけ」と脅して、席を横取りする場面もある。これに無力な朝鮮人たちは抵抗できない。つまりこの映画は「暴力団に支配された朝鮮の姿」を描いているとも言えるのだ。

なぜ「由々しい」のだろうか。それはこの暴力的支配が本当だと思われれば、例えば慰安婦が町から村から数十万も、日本軍によって強制連行されたという虚構が本当だと思われかねないからである。監督は学生運動をしていた全共闘世代の高橋伴明《ばんめい》である。

日本人がこういう映画を作る以上、韓国側としたら慰安婦強制連行の宣伝などやりやすいことこの上ない。韓国でも上映された。監督は日韓友好のために作ったと抗弁するかもしれないが、逆効果、嫌韓を増やすだけである。むろん浅川が日本軍人に殴られたり、葬列に殴りこまれた史実などまったくない。

浅川と親しかった京城帝大教授・安倍能成《よししげ》が葬儀の直後に書いた追悼記には、「強いられざる内鮮融和の美談」と朝鮮人たちが棺を担いだことを記している（『青丘雑記』昭和七年）。好ましくも静謐《せいひつ》な葬儀だったようだ。同じく葬儀に列した柳宗悦も〝軍人暴力団〟がやってきた話など書き残していない。

## 朝鮮人を気遣う日本軍人

もしこういう暴力団に自分の土地を支配されたならば、まともな人であれば、その理不尽《りふじん》な支配から脱したいと思うだろう。当然のことだ。そして独立運動が始まる。

浅川が勤める林業試験場の朝鮮人の同僚に、この独立運動に入っていくという設定の人物がいる。当然のことに日本人を憎んでいる。

そして三・一独立運動が起こるというのがこの映画の展開である。浅川の面前で、独立運動の朝鮮人たちが日本軍の銃砲の前に射殺される場面がある。朝鮮人たちはただ平和的にデモをしているだけで、武器は持っていないという設定である。つまり朝鮮人虐殺事件として描かれている。浅川はこれを悲痛の眼差しで見つめている。彼の朝鮮人の同僚も死ぬ。

しかし実際のこの騒擾《そうじょう》事件では多くの暴徒が武器を持っていた。銃撃で殺された憲兵もいる。投石で殺された日本人警察官たちもいる。彼らは目をえぐられ、陰茎を切断されていた。そのような暴徒に対して、武器なくして鎮圧ができるのだろうか。

この映画はあまりにも朝鮮人側に立ってきれいごと過ぎる。偽善と言わずしてなんというのか。映画にも近隣諸国条項があって配慮しなければならないのだろうか。

朝鮮軍は大正十（一九二一）年に南北二師団編成となっている。その大規模な合同師団演習が半島の中央部で初めて行われたのは昭和五（一九三〇）年、つまり併合後二十年経ってからである。朝鮮人をいたずらに刺激することをはばかったのだ。おまけに演習地は農村の刈入れが終わった晩秋の時期である。優しい日本軍はそれほど朝鮮人に対して気遣っていたのだ。

逆に言えば三・一独立運動から十年経ち、戦車や鉄砲、砲撃音にも、民衆が不安がることはないと朝鮮軍は判断したとも言える。実際に、独立運動の指導者たちは満洲事変や支那事変の頃には親日派に転向している人が多い。

総督府は朝鮮での義務教育を重視していた。成績優秀な者は内地の帝大にも入れた。授業料免除のために軍人になる者も多かった。

金錫源《きんしやくげん》大佐は陸士の二十七期卒で、満洲事変や支那事変に日本人兵卒を率いて大活躍した。朝鮮戦争でも、日本式に軍刀を振るって部下を指揮し、勇猛果敢に戦っていた。

一九七〇年代に「漢江の奇跡」と呼ばれた経済成長を成し遂げた朴正熙《ぼくせいき》大統領も、満洲軍官学校から陸士に編入した軍人だった。

さらに同じ満洲軍官学校出身には韓国初の陸軍大将である白善燁《はくぜんよう》将軍もいる。朝鮮戦争での雄々しく感動的な奮戦ぶりは、「韓国の国家的英雄」の名に恥じないものだ。

彼らは皆、日本の軍人勅諭《ちょくゆ》の精神で教育され、戦ったのである。勅諭にある忠節、礼儀、武勇、信義、質素の徳目を身に着けてこそ、日本軍人だったのだ。〝暴力団〟に教育されて、このような立派な軍人たちが誕生するものだろうか。高橋監督の描き方はあまりにも幼稚で馬鹿馬鹿しいとしか言いようがない。

佐藤鉄太郎という海軍軍人がいる。ちょうど日韓併合の明治四十三（一九一〇）年に『帝国国防史論』という上下二巻の大部《たいぶ》な著述を世に問うている。この中で彼は李舜臣《りしゅんしん》を高く評価している。十六世紀末の文禄《ぶんろく》・慶長《けいちょう》の役で日本の遠征軍と戦った朝鮮の武将である。

佐藤と同じように李舜臣を高く評価し「東洋のネルソン」として尊敬する日本軍人は少なくない。戦前の時代の海軍の雑誌、書物を繙《ひもと》けばすぐ分かることだ。忠清南道《ちゅうせいなんどう》にある李舜臣を祀る「忠烈祠《ちゅうれつし》」（現・顕忠祠）に参拝する日本軍人も少なくなかった。その国家のために命を懸けて戦う姿勢を自分たちの模範としたのだ。日本軍人が本当に暴力団であれば、忠烈祠はすでに破壊されていただろう。

もう一つ、大事なエピソードを挙げておこう。李舜臣の子孫の李大永《りたいえい》は日本の陸軍士官学校第二十六期生であるということである。

## はげ山の実態が示す真実

この映画の原作は『白磁の人』という同名の小説だが、この元になったのは『朝鮮の土になった日本人』（高崎宗司著）という浅川巧の評伝である。高崎氏は近代朝鮮史の研究者だが、その歴史観には極左的なバイアスがかかっている。

なにしろ「脱亜論」を書いた福澤諭吉を朝鮮について妄言《もうげん》を吐いた代表的人物として理解し、朝鮮統治時代に朝鮮に関わった日本人で「朝鮮支配の共犯者」でない者は一人もいないという極端な理解をする人である。

福澤が「脱亜論」を書いた背景には、日本と共に朝鮮近代化を図ろうとした金玉均《きんぎょくきん》や朴泳孝《ぼくえいこう》らが、明治十七（一八八四）年暮れに、守旧派である清国と結んだ事大党を倒そうとしたクーデター計画の挫折がある。亡命した金玉均らは福澤宅に匿《かくま》われた。福澤は近代化をかたくなに認めないアンシャン・レジームの朝鮮や支那を批判しただけのことである。どこが悪いのだろう。

ともあれ高崎氏にとっては朝鮮に対して批判的な物言いをする人は罪人でしかなく、朝鮮人に悪い人は一人もおらず、なにをやっても悪いのは全て日本人である。浅川巧は数少ない例外というわけである。

高崎氏はその日本の朝鮮支配の悪い実例の一つとして、朝鮮の山々をはげ山にし、収奪したという批判をする。『朝鮮の土となった日本人』で、浅川がそれを目撃したと主張している。根拠は浅川が書いた、農民が山に入って薪《たきぎ》を盗んで山番に捕まった話である。

「この辺の人達は山番には時々いじめられるらしい。いくらいじめられてもこの冬の寒い夜を冷たい石の上に明かすわけにはいかないから、恐る恐る（中略）焚物《たきもの》を集めて去ることにも同情できる。こんな山間に住んでいてわずかの林も持たず、祖先伝来の入会《いりあい》林の何千町歩が一手に個人の所有になったのだから盗むのも無理ない気がする。山番の監視がいかに厳重で、盗採者に対する刑がいかに峻酷《しゅんこく》であっても、山は青くなるまい。山の青くなるためには、地元に住む人達の理解ある同情を必要とする」（『白樺』大正十一年九月号）

これを基にした場面も映画の『白磁の人』に出てくる。しかしこれは近代的な法制度によって朝鮮社会が生まれ変わる過程の陣痛なのだ。

明治以降に朝鮮にやってきた日本人は朝鮮の山々がことごとくはげ山であることに驚いたようだ。ことに人口が多い南部の山が荒れていた。オンドルで暖を取るために必要だったのである。しかし洪水の原因になり、作物は実らず、重大な被害を引き起こす。にもかかわらず植林もしていなかった。

これをなんとかしようと、日本は併合以前の明治四十（一九〇七）年から造林と苗圃《びょうほ》（草木の苗を育てるための畑）を設けて苗木《なえぎ》を無料配布し、併合後は森林令を公布して国有林野の貸付をし、成功の暁《あかつき》には事業者に付与する特典を設けた。四月三日の神武《じんむ》天皇祭は植林の日となり、全朝鮮で記念植樹をした。その後この造林植林の規模はどんどん大きくなっていく。

大正三（一九一四）年の記録では、国有林の貸付については、処分面積二万六千六百七十町歩のうち九千三百七町歩が日本人、残り三分の二は朝鮮人で、縁故ある地元民の出願に優先権を持たせている。

大正九年二月十六日に西村安吉殖産《しょくさん》局長が、全朝鮮の山林出張所会議で、山林を保護するために伐採を禁止した「封山」について述べている。入会権《いりあい》（慣習によって山林を使用する権利）がなくなったから不満も出ていたのだ。それを理解した上で、西村は「将来に対して朝鮮全体の利益を保護増進し、各個人生活の永久的安定を図る必要上、自ずから一定の制度を樹立し、確実にその遂行《すいこう》を期するのはやむを得ない。これは誰も理解できるだろう。要は、どの程度まで旧慣習と革新的制度を調和するかであり、個人生活の利便に対しては出来得る限りの便宜を与えよ」と訓示している。

総督府の林業試験場で働いていた浅川がこれを知らないわけがない。彼が問題としているのは「地元に住む人達の理解ある同情」である。総督府の施策ではない。便宜を与えればそれで済むということで、高崎氏が言う収奪政策などではない。西村は不適当なことがあれば意見を上申せよと訓示している。浅川が理不尽に思えば、上申書を出しただろう。だが、出した形跡は高崎氏の本には見当たらない。

浅川が亡くなるひと月前の手紙が高崎著に紹介されている。「この不景気に植林事業で二十万円もの予算が費やされる」と喜んでいるような人なのだ。

元々浅川は非政治的な人だったようだ。林業試験場で彼の同僚だった金二万《きんにまん》は、高崎氏に対して「浅川は独立運動には無関心だったと思う」と語っている。これには高崎氏も困った様子がありありである。つまり浅川が映画で泣き叫ぶシーンはあり得ない。

## 『牧民心書』に描かれた朝鮮民衆の悲惨

西村殖産局長は先の訓示の中で「今日朝鮮の林野が荒廃その極に達し、切るに樹木なく採るに野草なく」「多年地方住民の浸食残害するところとなり、憐れなことに山は枯れ、禿山となり、甚だしきは山骨が露出している」と述べている。この原因は何だったのだろうか。原因は李朝時代の悪政にある。

丁若鏞《ていじゃくよう》という、李朝時代の知識人で官僚だった人が民衆を統治するための心がけを説いた『牧民心書』という書物がある。ここには当時の悪徳官僚の農民に対する苛斂誅求《かれんちゅうきゅう》（情け容赦《ようしゃ》なく年貢や税を取り立てる）があますところなく描かれている。

無学な者が軍人になって娼婦にたわむれ、酒ばかり飲み、良民を脅して金銀をせびり取る。気に食わないことがあれば、無理やり兵卒に駆り立てる。地方に行けば労役を命じて繁忙期の農家をわざと困らせる。至る所で泥棒をやり、鶏豚を持っていく。大体軍人は中央地方を問わず盗賊の巨頭で、泥棒と気脈を通じている。泥棒がつかまれば逃がしてやったりする。

当時は健常男子を軍籍に入れ、そこから税金を取る制度があった。兵隊に取り、かつ金も取るのだ。甚だしいのは生まれたばかりの嬰児《えいじ》に徴兵命令を出す、男児かどうか分からない妊娠中に軍籍に入れたりする。ある村の貧しい農民に赤ん坊が生まれて三日目に軍籍に編入、何よりの財産だった牛を税金がわりに持って行かれた。牛がなくては仕事にならない。農夫は泣き叫んで、子供が生まれるからこんな目に遭うのだと自分の陰茎を断ち切った。妻が血まみれのそれを持って役所に訴え出たが、門番はそれを追っ払った。そんな話がいくらでも出てくる。何のことはない。映画に出てくる軍人暴力団は、李朝朝鮮の昔からの姿そのままではないか。ともあれ農民はこんな虐待、苛斂誅求を年中受けていたのでは、生きる希望はなく、植林する気力もなく、山林は荒れるがままに放置されたのだろう。

現在の韓国では植林に成長の早いポプラが利用されることが多いらしい。これを最初に実施したのは初代総督の寺内正毅《てらうちまさたけ》である。植林をするためには勝手に伐採させないようにする「封山」が必要である。しかしそうなると庶民が煮炊きや暖房に困る。まず成長の早いポプラを植えて、その一年後に伐採禁止令が出たのだ。これは寺内総督の側近、西原亀蔵《にしはらかめぞう》の献策だった（『夢の七十余年』西原亀蔵著）。つまり総督府の施策は今も生き続けているのである。

## もし浅川巧が長生きしていたら

浅川巧より先に兄の伯教《のりたか》が朝鮮に来ていて、巧はその後を追うように朝鮮にやってきた。伯教がまず李朝陶磁の美を見出し、それを民芸運動家の柳宗悦に教えたのである。

浅川伯教もまた朝鮮陶磁器の研究で有名になったが、彼は高崎宗司氏が口を極めて非難する国民総力朝鮮聯盟《れんめい》の文化委員となっている。同聯盟は、支那事変、大東亜戦争と戦争が拡大していく中で、朝鮮人に戦争に協力してもらうためにできた総督府お声がかりの団体である。

聯盟の重要な構成団体だったのが緑旗《りょっき》聯盟である。津田栄・節子夫妻を指導者とした朝鮮在住日本人によって作られたもので、高崎氏は「内鮮一体を民間から推し進めた御用団体」と批判している。しかし浅川巧の妻の咲子はこの団体の女性たちと親しかったのだ。

浅川巧は昭和六（一九三一）年四月、満洲事変が起こる約半年前に急死した。もし彼が戦争の時代も長生きしていたら、彼は緑旗聯盟の人たちと親しくしていただろうし、朝鮮聯盟にも入っていたのではないかと思われる。多分それは高崎氏には鼻じらむ光景であっただろう。

なお映画ではパジチョゴリを着た浅川が殴られているが、緑旗聯盟の指導者の津田節子もチマチョゴリが大好きだった。それを証明する写真が、永島広紀氏の著書『戦時期朝鮮における「新体制」と京城帝国大学』（ゆまに書房）に出ている。映画の方が正しいとするなら、彼女も日本軍人に嫌というほど殴られたことだろう。「貴様それでも大和撫子《やまとなでしこ》か！」と。

## 小説『白磁の人』の独善性

映画でこのような愚かな日本軍人像が描かれたのは、小説の『白磁の人』（江宮隆之著）によるフィクション化に元々問題がある。高崎氏の『朝鮮の土になった日本人』は、資料に基づいた学術的体裁を取っている。しかし『白磁の人』には小説ならどんな虚構でも許されるだろうという安易な姿勢がある。許されることではない。

日本軍人が電車の中で「ヨボ、どけ」と席を横取りするところが小説『白磁の人』にある。映画はこれをもとにしているわけだが、私には信じられない。

朝鮮語のヨボは「ヨボセヨ（もしもし）」という言葉で知られるように、ごく親しい間での呼びかけ語である。しかし日本人が「おい」という意味で、命令口調で使うようになってから侮蔑語に変化したと言われている。

しかしそこには、歴史的経緯に基づく日韓双方の、民族的意識や考え方の違いにかなりの問題があったのだ。

まず明治二十七（一八九四）年、日清戦争直前に出版された『朝鮮雑記』という書物から問題点を引こう。

著者の本間九介は、風雲急を告げる明治二十三（一八九〇）年の朝鮮に渡航した若者で、「東亜経綸《けいりん》の志」を持って天佑侠《てんゆうきょう》（80ページ参照）にも参加した。後に朝鮮語研究の権威として朝鮮総督府の嘱託《しょくたく》となり、三・一独立運動の最中に暴徒に殺害されている。

『朝鮮雑記』は本間の四年間の朝鮮観察記録であり、『二六新報』という新聞に連載されたものをまとめた書物である。後に日本に併合されるのもやむを得ない朝鮮の弱体極まる遅れた実態が余すところなく描かれている。

例えば、「我が国の大工であれば、半日もあればできるのに、かの国（朝鮮）の大工は三、四日費やすのが常である」と書かれている。

また「何の事業にしても、人々が共同して、その事業を大成するなどということは、到底かの国の人には望むことができない」ともある。

頼んでいた仕事が全くはかどらず、いらだたしく「ヨボ（おい）！」と怒鳴ってしまう日本人もいただろう。雇った朝鮮人たちの全くなっていない共同作業に堪忍袋の緒を切ってしまうこともあったろう。そして「ヨボ！」と怒鳴る。朝鮮人側には、ヨボは段々侮蔑的な意味に変化していった。

根本の問題は、朝鮮人一般における近代性の欠如にあった。

フランス人宣教師のダレは、「朝鮮人はあらゆることで非常に後れを取っており、今日なお、進歩のあとの見られるものはなく、ノアの洪水の翌日、あらゆる技術と手工業が再開されたあの日に比べても、進歩していないのです」と一八七四年に出版した『朝鮮事情』（東洋文庫）で述べている。ノアの洪水は何千年も前、『旧約聖書』の時代の話である。

むろん朝鮮人の緩やかにすぎる成長を待っていられない、せっかちな日本人にも問題があったかもしれない。しかし日本人はヨボを元々、侮蔑の意味では使っていない。その証拠の一つが次のエピソードにある。

大正十二（一九二三）年から三年間、総督府の警務局に勤めた薄田《すすきだ》美朝《よしとも》の体験談を、彼の著書『警務雑筆』（昭和二年）から引用する。

「満員の電車に子供をおんぶした婦人が入って来た。朝鮮の若い青年は勇ましくも席を譲ってやったのだ。この婦人はこの青年に対しての感謝の辞は『ヨボありがとう』と云うのであった。感激と希望に満ちたこの青年の顔は一朝にして憤怒《ふんど》に変った。私はこの光景を見て顔をそむけざるを得なかった。この婦人は青年に真に感謝しているのである。然しこの感謝の念は少しも青年に達していない」

婦人はヨボを「あなた」という優しい意味で使っている。日本語より朝鮮語を使うほうが感謝の念を伝えやすいと思ってそうした。しかし青年はヨボと言われて侮蔑を感じた。相互のコミュニケーションは齟齬《そご》をきたしている。

薄田は嘆息してしまった。むろん警務局事務官・薄田は日本人側を啓蒙する良い機会だと考えて、この見聞を『朝鮮及朝鮮人』という雑誌に書いたのだ。これを読んだ日本人は教えられることが多かっただろう。

同じ時期、『白磁の人』に登場する柳宗悦も電車内での体験を書いている(『朝鮮とその芸術』大正十一年)。

京城のほぼ満員の路面電車の座席に、柳と朝鮮人の老人が並んで座っていた。両班《やんばん》と思《おぼ》しき老人は喪中を表す白い帽子を被っていた。商人風の二人の日本人が乗ってきて、彼らの前に立った。

商人の一人がいきなり老人の帽子を摑み取り、隣の連れに示してどういう意味合いのものであるかウンチクを傾け始めた。失礼な話である。帽子は戻されたが、老人は不快な顔で我慢していた。柳は怒ったが、紳士である。二人に代わって老人に「許してくれ」と謝った。しかし二人の日本人は立ったままで、「席をどけ！」とは言っていないのである。

柳はまた別の体験もしている。仁川駅のプラットフォームに降り立った時である。十二、三歳の朝鮮の女の子、五、六名が彼の前に降りた。彼女らは何かを見つけて駆け出した。その行く手には若い日本人の女教師が待ち構えており、抱き着いてきた子供たちの頭を優しく撫でていた。それを見た柳は涙が止まらなかった。

ついでながら、戦後まもなく柳の体験したことを書いておこう。

彼は昭和十一（一九三六）年に東京の駒場に日本民芸館を開設した。そこには彼が朝鮮で収集したおびただしい陶磁器や絵画、工芸品などが展示されていた。戦後になってまもない頃、在日朝鮮人の一団が民芸館にやってきて、「我が国から掠奪したものを返せ！」と大きな声で怒鳴り始めたのである。

騒ぎが大きくなると、柳は民芸館の正面に出てきた。そしてゆっくりと話し始めた。

「私はここにある朝鮮の文物を正当な代価を払って収集し、展示しています。もしあなたたちの中で私より大切にこれらの文物を保管できるという自信があるなら、どうぞ自由に持っていきなさい」

民芸館の扉は開け放たれた。柳の言い方は相当に威厳のあるものだったようだ。在日の一団は大人しくなり、すごすごと退散したのである（『芸術新潮』一九九七年五月号）。

日本と朝鮮の関係史には複雑で奥深い陰影がある。小説『白磁の人』のように、加害と被害の単純な物差しの物語に還元してはならないのである。

## 今井正監督の名作

今井正監督は戦時中、朝鮮を舞台にして『望楼《ぼうろう》の決死隊』（昭和十八年）と『愛と誓ひ』（昭和二十年）の二作を撮っている。どちらも時代を反映した傑作である。

『望楼の決死隊』の時代背景は昭和十年頃で、満洲との国境付近に駐在する警察隊が、満洲から国境を越えてやってくる共産匪《きょうさんひ》（共産党ゲリラ）と戦う物語である。思いやりある理想的人物の駐在所長夫妻は日本人だが、その下に朝鮮人と日本人警察官がいる。新米日本人警察官は頼りなく、朝鮮人警察官の方がたくましい。匪賊《ひぞく》との戦いはジョン・フォードの西部劇を思わせる手に汗握るアクション劇だ。原節子《せつこ》が演じる所長の妻が自ら拳銃を手に取って戦う。日本人、朝鮮人警察官たちは死傷者を出しながら、苦闘のすえ敵を追い払う。

『愛と誓ひ』は孤児だった朝鮮人青年が日本という祖国のために特攻隊に志願する物語である。こちらは打って変って静かで厳粛なストーリー展開である。朝鮮の田舎の小学校で、子供たちが、「♪わが大君に召されたる、命栄えある朝ぼらけ」と『出征兵士を送る歌』を大合唱する場面もある。

主人公の青年の心中には民族的な問題、悩ましい生と死の葛藤があることが十分に伝わってくる映画なのである。

高橋監督の『白磁の人』などよりはるかに説得力があるから、韓国の反日左翼勢力の人々は、左翼映画作家として知られる今井正のこうした朝鮮統治の真実を描いた作品を韓国内で特集上映して、戦時中の本当の姿を想像し、理解したらどうだろうか。

# 第4章

# 朝鮮で「聖者」と呼ばれた日本人・重松髜修《まさなお》

## 孤立無援の村に赴任

昭和十一（一九三六）年四月五日、日本統治下の朝鮮平安南道江東面芝里《こうとうめんしばり》で、ある頌徳碑《しょうとくひ》の除幕式が行われた。碑には「江東金融組合理事　重松髜修《しげまつまさなお》記念碑」と刻まれている。この除幕式の写真を発見したとき、私は重松髜修の伝記を書かねばならないと思った。

日本帝国主義が韓国を侵略して植民地化した、などと言われるが、実際はそんなものではなかった。日本は朝鮮を近代化しようと努力したのであって、収奪することしか考えなかった西欧列強の植民地政策とはまったく違う。多くの日本人が朝鮮人のために身命を賭して尽くした、その典型ともいえる一人が重松髜修《まさなお》であり、朝鮮農民が彼に感謝の意を込めて記念碑を建てたのである。まるで台湾における八田與一《はったよいち》ではないか。ちなみに八田與一とは、日本統治時代の台湾で烏山頭《うさんとう》ダムを作り、荒涼としていた嘉南《かなん》平野を穀倉地帯にして台湾農民に感謝され、銅像が建てられた日本人技師である。

重松は明治二十四（一八九一）年四月二十三日、愛媛県温泉郡粟井村（現松山市）に生まれた。明治四十五（一九一二）年四月、東洋協会専門学校（後の拓殖大学）に入学、朝鮮語科に学ぶ。重松は、校長の桂太郎（後の総理大臣）が「みんな宣教師のような気持ちで海外に出て行くように」と訓示したことを回想している。大正四（一九一五）年に卒業すると朝鮮総督府の土地調査局に勤めたが、大正六年に退官。平安南道の陽徳《ようとく》地方金融組合理事となる。

金融組合は、明治三十七（一九〇四年）八月に韓国政府の財務顧問となった目賀田種太郎《めがたたねたろう》によって明治四十年に設立されたものである。二〇〇六年にムハマド・ユヌスのグラミン銀行がマイクロ・ファイナンス（貧困者のための小口金融）の功績でノーベル平和賞を受賞したが、その先駆のような金融機関で、グラミン銀行より百年も早い。

〈具体的には、朝鮮の二、三郡に一つずつ金融組合を設置する。政府は農工銀行を通じて一金融組合に一万円を無利子で貸し付ける。貸付は対人信用を基調に、短期（最初は六カ月）の小口金融に限る。各組合に日本人理事を一人置く。給料は当分政府より支給する。任期は決めない。つまり無期限ということである。組合員は韓国人に限る。日本人を含めないのは、目賀田の潔癖性から来ていた。資金は韓国政府から出る以上、その恩沢に与れるのは韓国人のみということである〉（拙著『朝鮮で聖者と呼ばれた日本人』草思社刊。以下、引用は同書より）

大正七（一九一八）年一月に重松が赴任した陽徳は太古然とした山中の集落だった。重松はその著『朝鮮農村物語』の中で、「孤立無援の僻邑《へきゆう》（へんぴな村）」と形容している。裏山で獲れたという豹《ヌクテ》（朝鮮狼）の肉を食べさせられたり、片手を虎に食いちぎられたという組合員がいたりするところである。重松はここですぐさま朝鮮人たちに受け入れられた。達者な朝鮮語だけでなく、率直さと優しさが村人たちに理解されたのである。陽徳には憲兵隊の分遣隊もあり、郡役所、郵便局、金融組合などが政治、教育、通信、経済の中心をなし、三十名ほどの日本人が暮らしていた。それらの建物はみな木造洋風で、朝鮮農民には未知の建造物だった。日本が陽徳に「近代」を持ち込んだのである。

## 「万歳《マンセー》騒擾事件」で暴徒に襲われる

そうして一年が過ぎた大正八年三月、三・一独立運動が起きる。暴徒数百名が陽徳を襲うという情報がもたらされ、日本人一同は分遣所に集まった。女性や子供は憲兵隊員の宿舎に収容し、男子は全員警備につく。民間人十二名に、憲兵は四名、朝鮮人の補助員を入れても、十八名に過ぎない。

三月五日朝、襲撃が起こり、喚声が山々に響き渡った。白い服の大群衆が、邑内《むらない》を疾風のように駆け抜けて分遣所の門前に殺到する。重松は、二人の憲兵隊上等兵と共に正門の第一線に飛び出て制止しようとしたが、群衆は「万歳《マンセー》！」と連呼しつつ、重松らの決死の防備線を突破しようとする。わずか三名の防備最前線は大群に取り囲まれ、組み付かれ、十重二十重の中に身動きもできないようになってしまった。絶体絶命の思いで、重松も憲兵も拳銃を発射した。威嚇《いかく》射撃である。大群衆はひるむが、銃声は彼らの怒りと憎悪をさらに駆り立てる。射撃は繰り返された。重松は銃弾を撃ち尽くしたとき、彼のかたわらに灰色の防寒帽を被った大男が走り寄り、何かを右足に突きつけたと思った。その瞬間、重松は弾力のあるゴム製の棒でいやというほど殴られた感じがした。二、三歩構内に戻ろうとして、ばったり崩れ落ちた。

重松は太腿に貫通銃創を受けていた。しかしその後、なんとか暴徒は排除された。暴徒が分遣所を破壊できなかったのは、重松や憲兵が使った拳銃や小銃のためだったろう。おそらく、憲兵は暴徒に向かって直接銃を発射した。強硬な手段を用いなければ、分遣所は放火され、重松以下全員が殺されていたに違いない。女性は強姦されていたかもしれない。暴徒を鎮めるには、強い制圧の武器が必要だった。

この年四月十五日に朝鮮京畿道水原《けいきどうすいげん》で起きた日本憲兵隊の提岩里《ていがんり》教会虐殺事件といわれるものも、実態は同じようなことであったろうと思われる。暴動、警官殺人、死体凌辱の容疑者二十数名を教会に集めて尋問中、暴れ出した容疑者を制圧するために武器を使用せざるをえなかったのである。重松たちの場合も、あきらかに正当防衛だった。このとき受けた傷のために重松は生涯、足を引きずるようになったのである。

〈日本と韓国の併合は、明治四十三（一九一〇）年である。それからちょうど十年目の大正八年に、重松が重傷を負った万歳騒擾《マンセーそうじょう》事件は起こっている。

この十年間、併合して以降の推移に朝鮮人側にはかなりの不満が出るようになった。「武断統治」とも言われ、政治に関しては自由にものが言えない状況であった。初めは個別的であった不満が、多くの朝鮮知識人に共有されるようになっていく。それがはっきりと「独立」という目標となり、組織立てて行動を起こそうという運動となっていく。そうした動きに、元々併合に反対で義兵闘争をしていたグループが煽動したというのがこの事件の骨格である〉

## 天皇の下での平等

日韓併合は、日本が一方的に強制したものではない。

日本との合邦を求める朝鮮人の運動もあった。李容九《りようきゆう》を指導者とする一進会という団体が中心で、会員百万人と自称した。併合当時の朝鮮の人口は千三百万人だったから、どれほどの規模だったかわかるというものである。

朝鮮半島の安定は、日本の国防、安全保障の鍵だった。日本は朝鮮の独立をめぐって清国と戦い、その後、半島に勢力を拡張したロシアの圧力が原因となって日露戦争が起きたのである。しかし伊藤博文や桂太郎が危惧《きぐ》したように、長い歴史をもっている国を併合するのには困難が伴った。

寺内正毅《まさたけ》初代総督に、あまりにも遅れている朝鮮の文明の度合いを早く引き上げようという意図があったのは間違いない。併合の詔書にある、「朕《ちん》が綏撫《すいぶ》（慰めいたわる）の下に」「その幸福を増進すべく、産業貿易は治平の下に顕著なる発達を見るに至るべし」（原文片仮名）の聖旨《せいし》（天皇陛下のご下命）に沿って、鉄道の敷設《ふせつ》、教育、産業の奨励が行なわれた。しかし、合邦運動に挺身した国家主義運動家・内田良平は十年間の統治を「善意の悪政」と総括している。

〈一例をあげる。李朝時代には禿山が多かった。農民は山が荒れても植林しなかった。大木を育成すれば、役人に只で持っていかれるからだ。しかし植林して、山に保水機能を持たせ、朝鮮を富ませなければいけなかった。そこで寺内は毎年四月三日（神武天皇祭の日）を植樹祭の日にして、自ら率先して苗を植えに山に入った。李朝伝統の労働蔑視感を持つ両班《ヤンバン》の官吏にまでこれをやらせて恨みを買った。無断で木を切った農民には、李朝伝統の笞刑で処罰して彼らの恨みを買った。処罰担当の下級役人は朝鮮人である〉

しかしほかに方法があったとも思えない。天皇の下での「一視同仁《いっしどうじん》」(差別なく平等に愛する)という同化政策を取り、両民族の平等化と言っても、ものには順序がある。まずハード面の整備を進め、それからソフトというのが、予算の枠内で朝鮮統治を進めていかねばならない日本政府、総督府の方針だった。重松が勤務していた土地調査局にしても、半島全域の調査を終え土地台帳を作るのに、十年以上の歳月を必要とした。そう矢継ぎ早に、参政権、給与の平等化などと進められるわけがなかった。

## 朝鮮人と共に生きる

大正十(一九二一)年十月、重松は平壌《へいじょう》にある平安南道《へいあんなんどう》金融組合聯合会に転勤となる。おそらく足の不自由な重松のために比較的楽な事務の仕事を用意したのだろう。しかし重松には物足りなかった。

〈なんのために自分は金融組合に入ったのか？　朝鮮人と共に生きる、喜びと悲しみを共にする——その決意で、骨を埋めるつもりで自分は朝鮮に来たのではなかったか？〉

彼は聯合会に、「もう一度地方の一理事として派遣されたし」との要望書を提出し、大正十四年七月、「江東金融組合理事ヲ令ス」という辞令が下る。

重松が赴任してしばらくの間、区域内の農家の現状や、暮らし向きを観察して回ったところ、中農以下、特に貧しい小農は暮らしが大変で、三月から六月下旬に繭《まゆ》が出回る頃までは、全く糧食が尽き果てる。結果として高利貸しに金を借りる。米や麦が凶作だったら、あるいは重い病気にでもかかったら、再起はおぼつかない。

〈これは農業のほかに収入の道がないからだ。「生活を切り詰めて貯蓄を」と金融組合は奨励しているが、そもそも節約すべき金がない。つまりこの対策には、農民に副業を奨励するしかない〉

重松が考えた副業は養鶏《ようけい》だった。しかし農家に改良種の有精卵を配付するにしても、買えば一戸当たり十五個として二円から三円、江東全域の農家に広げたら膨大な費用がかかる。組合にはそのような余裕はない。そこで重松は自分で養鶏を始めた。卵から孵化《ふか》させて雛《ひな》を育て、成鶏にしてまた卵を孵化させて雛を——という形で、有精卵を無償で農家に配付するという計画である。孵化は自分が担当するが、雛の飼育は妻に頼むほかない。重松はバリカンを買い、妻にこう言った。

〈「自分は煙草は吸わないし、酒を飲むこともほとんどない。しかしこれからは収入の大半をこれに費やすことになる。こういうものは一切やらない。またこの長髪もやめる。これでお前に刈ってもらう。なにしろ床屋代が只になる」と笑った〉

## 私財を投じた鶏卵事業

組合事務所から二キロばかり行ったところに、下里という五十戸ほどの部落があった。もともとは両班の家柄で、伝統を色濃く伝えていたが、皆が皆、金持ちであったわけではない。にもかかわらず、過去の栄光に捉われ、旧態依然とした生活様式から脱出し得ないままだった。長煙管を吸いつつ、のんびりとその日その日を過ごすことを誇りとし、働くことを軽蔑していたのである。重松は下里をいかに再生させるかに自分の事業の成否がかかっていると考えた。ここを変えることで、江東全体を変えることができるはずだ。重松は集落を訪ねて、説得を始める。

〈この下里を模範部落にしたい。鶏は在来のものは処分し、卵を多く産む改良種に変える。こちらは卵も大きい。卵は協同販売にする。売り上げた代金はそのまま据置貯金にする。三十円も貯まれば牛が買える。卵から牛だ。豚も買い牛も買い、それから土地も買う。部落を更生したい。江東が豊かになる。それを目指したい。
「まずは各家に白色レグホンの有精卵を十五個ずつ配付します。これは無償です。率先垂範《そっせんすいはん》して、この両班部落が立ち上がってもらいたいのです」〉

村人の反応ははかばかしくなかった。「只でやるといっても、後で金を取りにくるのだろう」「卵を三百も産む鶏がいるもんか、はったりめ」「鶏の卵を売って、牛や土地が買えるなんて、そんなことがあり得るはずがない」「うちは誇りある両班の家系だ。卵で貯金などやれるもんかね」——

しかし重松は嘲笑にもめげず、繰り返し下里を訪問するうちに、やがて養鶏に興味を示す人々が徐々に現れてきた。大正十五（一九二六）年四月一日、江東金融組合と下里の間に「江東金融組合養鶏模範部落規約」が結ばれ、そして昭和二（一九二七）年二月二十七日、一人の老婆が「鶏卵《けいらん》配付願」を提出してきた。重松には老婆が天女のように思えたという。種卵を十五個、孵化育雛の注意書きを添えて渡すと、老婆は見たこともない大きな卵に圧倒された。

〈「アイゴー……」

「只だから持っていきなさい。しかしその鶏が卵を産み出したら、組合に持ってきなさい。そして売り上げをそのまま貯金するのです。分かりましたか」と重松は髭面をほころばせた〉

それからは次第に種卵をもらいに来る人が増え、四月中に全戸に五百二十個の配付を終えた。昭和二年五月十三日付の平壌毎日新聞に、「私財を投じて副業の奨励を図る　養鶏模範部落を設置して努力する重松金組理事」という記事が出た。そこに「私財一千円の犠牲を払って」とある。当時、大企業でもなければ購入できなかったフォードの一トントラックの値段程度の私財を、重松は一年半の間に投じたのである。

鶏卵事業の発展を見て、重松は翌三年六月に鶏卵品評会を開いた。そこで二等に入選した下里の農民から、礼状が届いた。

〈「賞品に薬缶《やかん》をもらったが、農作業時に飲むといつまでも冷たい水でありがたい。理事さんに感謝している」と書いている。賞品といっても、予算はなくバケツ、箒《ほうき》、薬缶、塵取《ちりと》り

といった生活必需品だった。しかしそれが貧しい朝鮮農民にはなかなか手に入らないものだったのだ〉

## 半島青年の意気

従軍慰安婦問題の背景にも、この貧困があった。戦後の米兵相手の慰安婦を韓国では「洋郎」といい、現在も駐留米軍相手にたくさん存在しているという。もちろんそれは商売であり、「性的奴隷」ではない。戦前の日本軍相手の韓国人慰安婦もそうだったのであり、大変な〝肉体労働〟ではあっても、お金にはなるからと、志願する人たちも多かったのである。もちろん、いやいやながら慰安婦にならざるを得なかった女性もいたことだろう。身売りという形で戦場にやってきた人たちも多かったはずだ。しかしそこにはそうせざるを得ない事情、すなわち貧困があったのである。では日本統治下の朝鮮で、日本人は社会を豊かにすることを考えなかったのか？

『米』という韓国映画（申相玉《しんそうぎょく》監督、一九六三年）がある。時代は戦後の李承晩《りしょうばん》政権末期。主人公は故郷の村に帰ってきた傷痍《しょうい》軍人で、村は貧しく一生に一度米を食べて死ねたら本望というほどの状態である。帰ってきた青年軍人は、この村を米がいつでも食べられる環境にしようと決意し、山にトンネルを掘って荒れ地に水を引き、そこを田圃《たんぼ》にしようとする。しかしその方法が分からない。彼は町役場に行き、トンネルを引くための設計図を見つける。何とそれは、かつて日本人が作った設計図だという。中相玉監督は一九二五年の生まれで、日本統治を二十年間受けた経験を持っている。彼は、日本が韓国社会を豊かにするインフラの整備を考えていたことを認識しているのである。重松の事業も日本人のそうした努力の一つにほかならない。

鶏卵事業は着実に成果を上げ、昭和三年十二月には初めて貯金で牛を買う農民が現れた。昭和五年のレポートでは牛の購入者二十五名（二十八頭）、子豚購入者二十七名（三十四頭）、土地購入者二名、三千坪の林野、蚕種《さんしゅ》（蚕《かいこ》の卵）購入者十数名、貯金を重病の治療費にあてたものが一名、嫁をもらう資金にあてたのが一名、上級学校の学資にしたのが二名となっており、卵貯金が現実の効果を上げていることが注目される。

このうち医生講習所の学資にしたというのは尹景燮《いんけいしょう》。以前、薬缶《やかん》を贈られて重松に感謝の手紙を出した人物である。彼は貧しい小作人で、妻と三人の子持ち。すでに三十六歳。この年齢になってから医学を勉強しようという彼に重松は敬意を表せざるを得なかった。それも自分の栄達のためでなく、公益を施すためだという。昭和六年六月、尹は試験に見事合格して医生の免許を得た。京城《けいじょう》日報は社説に「卵から医生、忍耐力の成果」と書き、尹を農民、国民の模範と讃えている。

江東の鶏卵事業の増大化に伴って、雌雄鑑別師《かんべつし》の必要が言われ、昭和九年の秋、雌雄鑑別教会（名古屋）では江東から一人、資格を取りに来てはどうかと申し入れてきた。重松は尹中《いんちゅう》燮《しょう》少年を推薦したが、内地への旅、滞在にはかなりの費用が必要になる。

〈彼の家には二頭の牛がいた。一頭は品評会で賞を取った牛だから、売れば百二、三十円になる。他に卵貯金の二十円がある。これで内地に行って雌雄鑑別師の資格を得よう。そう彼は決心した。一頭は残るから農業には困らない。重松に「石にかじりついてでも頑張る」と宣言した。半島から資格を取りに行くのは彼が最初である。しかも平安南道の田舎者である。重松は絶対に成功してほしかった。半島青年の意気を見せてほしかった〉

重松は、匿名の人物から事業に使うようにと送られてきていた数十円の小為替《こかわせ》を、内地行きの餞別《せんべつ》として渡した。尹は見事に三カ月で高等鑑別師の栄冠を勝ち得る。これは驚異的なことで、京城日報はじめ各紙に報道されて賞賛の的となった。故郷に錦を飾った尹中燮はまもなく江東組合の事務員に採用される。このように、金融組合は日本人が作った組織であっても、朝鮮人も働き、幹部になる者もいた。李方子《まさこ》妃殿下の障害者福祉事業の片腕だった金寿姙《きんじゅにん》氏の父親は昭和十三（一九三八）年に朝鮮人として初めての参事になっている。重松もこの年から金融組合の幹部として働くことになった。

開化派として天寿を全うして昭和十四年に亡くなる朴泳孝《ぼくえいこう》（侯爵、勅撰議員）は、朝鮮金融組合の顧問を死ぬまで続けていた。彼はこうした組織の重要性を深く認識していたのである。

## 皇軍輸送列車を「万歳」で迎える

昭和十三年の支那事変勃発《ぼっぱつ》一周年に合わせて「国民精神総動員朝鮮聯盟《れんめい》」が結成されている。朝鮮での陸軍特別志願兵制度もこの年四月に実施された。朝鮮人には徴兵の義務も資格もまだなかったが、出征を望む者のためにできたのが志願兵制度だった。毎年、募集人数をはるかに越える応募者が集まった。

昭和十五年に軍人援護会朝鮮本部が編集発行した『半島の銃後陣』という文献にあるエピソードを見てみよう。

「公立普通学校の岡田隆事先生は、貧しくて学校に行けない金賤得《きんせんとく》という児童の学費を代納して通学させていた。彼は自分の召集後も学費を給料から納入するよう校長先生に頼んで出征した。彼が担任だった六年生たちは木綿一反を買い、それに名前と激励と慰問の言葉を書いて先生に贈った。女生徒の多くは血書までしていた。京城に住む東洋画家の金容鎮《きんようちん》は六十歳を過ぎているが、支那事変での日本軍の辛苦奮闘に感激し、慰問品として五百枚の色紙に得意の絵を描いて当局を感謝せしめたが、次には出征兵士の武運長久を祈って二百本の白扇に絵を描いて、慰問品にと京城府庁まで持参した。京畿道《けいきどう》開城府庁に勤める金瓊淑《きんけいしゆく》女史（四十三歳）は、皇軍輸送列車が開城駅に停まるたびに駅に迎えに出る。ときには早朝午前一時、二時から夜遅くまで万歳を唱えて送迎するだけでなく、衣類の洗濯、お茶の接待、買い物の使い、弁当の配給と我を忘れて働いている。篤志家《とくしか》を訪ねてタオル、石鹼、ハンカチ、マッチの寄贈を受けてはそれを将兵に贈り、心からの激励と慰安を与えて、『軍隊の母』とまで賞賛されていた」

こうしたエピソードが山のように収載されている。具体的に地名人名が出ているこの挿話《そうわ》集が作り話とは思えない。支那事変が始まったときには、日本が統治するようになって三十年近くが経っていた。当時の朝鮮には重松のように農民から感謝され、頌徳碑《しようとくひ》まで建てられていた日本人もいたのである。

それは例外的事象ではない。愚かな優越感を抱く日本人もいたことを否定はしないが、多くの日本人関係者は朝鮮人の生活を真剣に考えていたのである。朝鮮は急速に発展した。

ハーバード大学の経済学者エリザベス・シュンペーターも一九四〇年の著書『日本と満洲国の産業化』（The Industrialization of Japan and Manchukuo, 1930-40）で「満洲と日本を結ぶ架け橋として朝鮮が発展しているのを見なければならない。列強がブロック経済に走るときに日本が

aggressive territorial expansion（侵略的領土拡張）をするのは当然だ」と言っている。ちなみにこれは満洲建国を念頭に入れた発言である。

重松は昭和十七年に金融組合教育部長になり、やがて国民総力朝鮮聯盟（国民精神総動員朝鮮聯盟の改名）でも働くようにとの要請を受け、結局、聯盟理事・実践部長になることを承諾した。教育部長のまま、兼任となったのだ。ちなみに、三・一独立運動の指導者の一人だった崔麟《さいりん》も、この団体の理事となっていた。事件の首謀者と被害者が、この時代にはがっちり手を繋いでいたわけである。

## 〝強制連行〟など聞いたことがない

時勢の赴くところ、重松の朝鮮聯盟活動は目立って増えていく。京城放送局にも登場し、非常時の生産体制確立などについて達者な朝鮮語で演説をするようになった。志願兵の激励にも出かける。徴用に応ずる「応徴士《おうちょうし》」の慰問にも出かけた。

このころ内地の工場や鉱山でも、朝鮮人「応徴士」の姿があった。若い内地人は戦争に応召《おうしょう》し、工場や鉱山の現場では、元気のある若い働き手がいない。朝鮮からの応徴士は貴重な戦力である。

昭和十九（一九四四）年五月から約一ヵ月間、聯盟の委員たちが手分けして、内地の応徴士や学徒兵の住む寮や仕事現場に慰問に出かけていった。重松の担当は故郷の四国だった。

〈彼は応徴士たちの食事や健康、娯楽に気を配り、朝鮮語で朝鮮の現状などを話した。朝鮮語なら現場の内地人に聞かれても分からない。重松の独特の風貌、経歴は皆が知っていた。本音が言える。彼らの口からは、「食事は美味しい、寮のおばさんは親切だ」という明るい話が聞かれた。重松はそれを素直に信じることができた〉

戦後の昭和四十一（一九六六）年四月に録音された重松の証言テープがある。朝鮮問題研究会という団体が、四国に帰った重松を訪ねて、朝鮮時代の思い出を二日がかりで聞き取ったものである。

これは戦後に起こった日本統治批判と深い関係がある。金融組合も圧政的な手段で朝鮮人を搾取《さくしゅ》していたとか、朝鮮聯盟の主唱していた徴用は強制連行であったとかいう主張である。重松にはそうした非難が心外でならなかった。金融組合の理事たちが当時ろくに道もない僻地《へきち》にまで行って、貧しい農民の暮らしを良くするため熱心に指導したことを知っていたからである。高利で貸した金を無理やり取り立て、住む家を取り上げるなどという話は聞いたことがない。

徴用された場所に朝鮮聯盟活動で慰問に行っても、これといった問題はなかったし、内地の各地に行った者同士の間でも、〝強制連行〟のような理不尽な話は聞いたことがなかった。給料は出るし、環境が整えば家族だって呼び寄せられる。徴用労働自体に、相互理解＝「内鮮一体」実現の一環という目的があったのである。

だが終戦後、重松は京畿道《けいきどう》警察署に逮捕される。問題とされたのは国民総力朝鮮聯盟の実践部長という肩書きだった。朝鮮人を戦争に駆り立て、学徒兵や徴用された者に対して日本国への忠誠を誓わせ、侵略戦争に追い込むために各地に出かけて激励していた、というわけだ。重松の朝鮮農民への献身に対して、恩知らずともいうべき扱いである。ところが、取り調べに当たった検事が、たまたま、江東金融組合当時助けてやった貧しい農家の一人息子だった。ゼネスト騒ぎがあったとき、この検事は重松を脱出させ、日本への帰国を計らってくれた。

故郷に戻った重松は、朝鮮でやったのと同じように再び養鶏を始め、卵貯金をして山羊を買い、豚を買い、ついには乳牛を買って、「白百合牧舎」と名付けた牧場で酪農業を営んだ。日本銀行松山支店参与も務め、孫にも恵まれて、昭和五十（一九七五）年、静かに息を引き取った。

重松はかつて江東で聖者のごとく仰がれた。農民のためにひたすら献身したからだろう。そして畜産技術の確かな手腕を以って農民から信頼され、また尹景燮《いんけいしょう》や尹中燮《いんちゅうしょう》といった人々の潜在力を引き出し、自己実現させた。日本の朝鮮統治の真実の一端が重松の人生にはあった。

冒頭で触れた頌徳碑はその歴然たる証拠である。高松宮殿下も非常に期待され、一時間半もの拝謁があった。戦後は忘れられていた重松髜修《まさなお》という人物を、われわれ日本人は歴史に残さなければいけない。

## 「苛政《かせい》は虎よりも猛《たけ》し」の好実例

参考までに、日韓合邦時代のある新聞記事を紹介しておこう。

「苛政《かせい》は虎よりも猛《たけ》し」とは、『礼記』にある有名な孔子の言葉である。

孔子が泰山のふもとを歩いていると、墓の前で泣いている婦人がいる。わけを聞くと「夫と子供が虎に食い殺された」と言う。「ではなぜここから出ていかないのか」と問うと、女は「ここは重税を取り立てる酷政が行われていないからだ」と答えたのである。

次ページの新聞記事は、その通りの善政が朝鮮総督府によって行われているということを示した好例である。日本人警察官と朝鮮農民とが協力して、ヌクテ（朝鮮狼）退治に向かったのは、双方が仲良くなくては無理であったろう。

# 太鼓腹を咬み破り　無残！胎児を喰う　平北に又豺《ヌクテ》の惨害

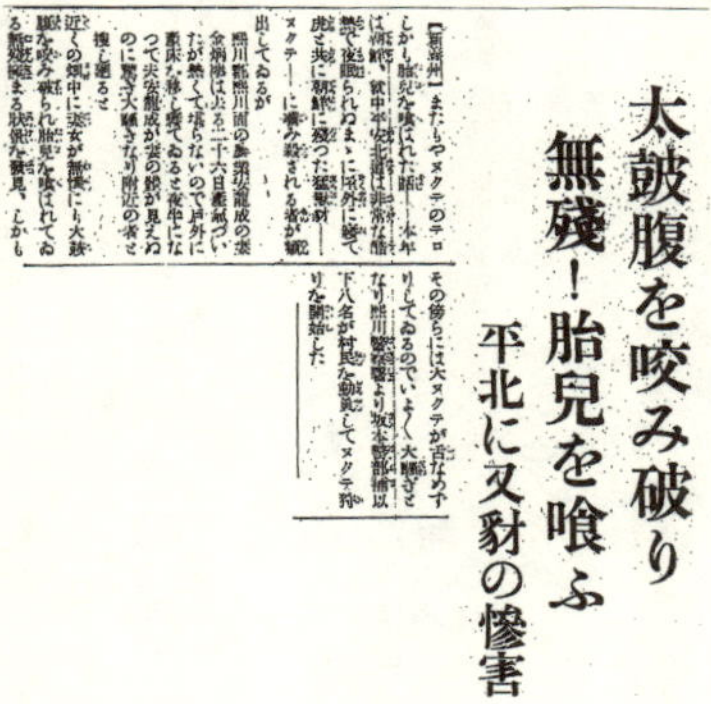
太鼓腹を咬み破り
無殘！胎兒を喰ふ
平北に又豺の慘害

【新義州】またもやヌクテのテロしかも胎兒を喰はれた話——本年は朝鮮、就中平安北道は非常な酷暑で夜眠られぬまゝに屋外に寢て虎と共に朝鮮に殘つた猛獸豺——ヌクテ——に嚙み殺される者が續出してゐるが

熙川郡熙川面の農業安龍成の妻金炳涉は去る二十六日産氣づいたが熱くて堪らないので戸外に産床を移し寢てゐると夜半になつて夫安龍成が妻の姿が見えぬのに驚き大騷ぎとなり附近の者と捜し廻ると近くの畑中に妻女が無慘にも太鼓腹を咬み破られ胎兒を喰はれてゐる無慘極まる狀況を發見、しかもその傍らには大ヌクテが舌なめずりしてゐるのでいよく大騷ぎとなり熙川警察署より坂本警部補以下八名が村民を動員してヌクテ狩りを開始した

「苛政は虎よりも猛し」の好実例

【新義州】またもやヌクテのテロ、しかも胎児を喰われた話——本年は朝鮮、就中《なかんづく》平安北道は非常な酷暑で夜眠られぬままに屋外に寝て虎と共に朝鮮に残った猛獣、豺—ヌクテ—に噛み殺される者が頻出しているが、熙川《きせん》郡熙川面の農業、安龍成の妻金炳渉は去る二十六日産気づいたが、暑くて堪らないので戸外に産床を移し寝ていると、夜半になって夫安龍成が妻の体が見えぬのに驚き、大騒ぎになり、付近の者と探し回ると、近くの畑中に妻女が無残にも太鼓腹を噛み破られ、胎児を喰われている無残きわまる状景を発見、しかもその傍らには大ヌクテが舌なめずりしているので、いよいよ大騒ぎとなり、熙川警察署より坂本警部補以下八名が村民を動員してヌクテ狩りを開始した。（『満洲日報』昭和八年七月三十一日）

# 第5章

# 慰安婦問題の本質
# ——「まずはメシを食うことだ」

## 日本人と寝て首を斬られた朝鮮女性

森崎和江著『からゆきさん』（昭和五十一年）は、明治以降、いわゆる「醜業婦」として主に九州地方から海外に出稼ぎに行った女性たちの生態を調べるために、実に丹念に当時の新聞資料にあたった好著である。

森崎は朝鮮からの引揚者《ひきあげしゃ》だから、自然に朝鮮での事件も目に付くのだろう。興味深い事件が紹介されている。

明治九（一八七六）年二月、日朝修好条規が結ばれ、朝鮮は鎖国をやめて日本と国交を結んだ。もうその翌年には多くの日本人が商売や事業をするために半島に渡っていた。しかし当時の朝鮮はひどい飢饉《ききん》に襲われていた。

朝鮮王室は国民のことなど全く考えていなかった。一八七五年には、国王の父である大院君《だいいんくん》が送った爆弾によって外戚《がいせき》の実力者・閔升鎬《びんしょうこう》が暗殺されるなど、朝鮮王室は権力闘争にうつつを抜かしていたのだ。

頼るものはなく、飢饉であっても、国民は何とかして自分で食っていくしかなかったのだ。釜山の日本人居留地には食糧が倉庫に備蓄されていた。そこにひもじさのあまり、餓死を逃れようと女性たちが集まってきた。

『からゆきさん』には、実業家・大倉喜八郎の書簡が紹介されている（『東京日日新聞』明治十年七月十二日）。

それによれば「ここにて船人また商人ども、是《これ》を憐れみ、遂にまた是を愛し、衣食を与うる者あるを以て、婦女子は容易に去らず」という情況になっていたという。

つまり食を得るため、子供のために、彼女らは体を売ったのである。

しかしこれが朝鮮側の官吏《かんり》の耳に入った。朝鮮婦人が外国人と情を通じる、あるいは売春することは、所轄の地方長官が罷免《ひめん》となるほどの国禁行為なのである。女たちは斬刑《ざんけい》に処せられる。女性たちは捕えられ、そして刑場に連れていかれる。処刑の模様も引用されている。

「小さき白羽の箭《や》を耳孔に貫き、荒縄にて縛り上げし婦人を、刑場に仰臥《ぎょうが》せしめ、その頭下に木枕《きまくら》を置き、鉈様《なたよう》の刃物を喉《のど》に当て、上より槌《つち》にて打ち、首を切り落したりと」

ある女性は、「とっくの昔に餓死していたはずなのに、日本人のために四、五十日も生き延び、今日からは飢餓《きが》の苦を免れる」と言って、涙を流して刑場に連れられて行ったという。

フランス人宣教師ダレの『朝鮮事情』（一八七四年、東洋文庫）によれば、当時の朝鮮女性に名前はなかったという。名前がなければ人権もないのは当たり前だ。かわいそうな女性たちである。

しかし彼女たちは国禁の法令を知らぬはずはなかっただろう。逆に言えば、どんな危険を犯してでも、彼女らはひもじさの逼迫《ひっぱく》から逃れたかったのである。

これがあらゆる慰安婦問題の本質である。

## オランダ映画が描いた朝鮮の売春家族

私は拙著『映画に見る東アジアの近代』（平成十四〈二〇〇二〉年、芙蓉書房出版刊）に、朝鮮戦争を描いたオランダ映画『38度線』（一九八六年）の批評を載せている。この映画は現在、ユーチューブにもアップされていて、誰でも見ることができるようになっている。私はその価値の重要性を広めた一人であるという自負を秘かに持っている。

この実話を基にした映画を「ひもじさの逼迫」という観点から、改めて見直してみよう。

昭和二十六（一九五一）年、朝鮮戦争が始まって一年後、中国軍も参戦して戦争は本格化し、半島全土は荒れ放題だった。朝鮮の庶民たちは戦禍《せんか》を避けて、あてどもない流浪の難民生活を送っていた。

母親と姉との三人で難民となっていたキム少年もそうした日々を送っていた。彼の毎日の切実な関心は、どうしたら今日のメシにありつけるかということだ。その日の朝も食べ物の匂いを求めて、彼は路地に入り込んだ。

ある藁葺きの掘っ建て小屋から食い残しの肉が付いた骨が抛《ほう》り棄てられた。それを取ろうとキム少年は急いだ。しかし野良犬のほうが早かった。肉は取られた。

小屋から酔っ払いのサイヤ軍曹が片手に小銃を持ち、素っ裸のフルチンで出てくる。肉を犬にやった男である。キム少年に「靴磨きか？」と聞くが、違うと返事すると、彼は「靴磨きはカネになる」と教えてやる。そして片手に持っていた肉片を少年にやる。肉を受け取った少年は、急いで母と姉の下に急ぐ。サイヤ軍曹は少年が食い物を探してうろついていたことを知っていた。

小屋の中にはチョゴリを着た慰安婦たちがたむろしている。料金を払う段階になって、経営者の朝鮮人の男が料金を釣り上げて請求する。途端にサイヤは持っていた小銃の台尻で男の顔をぶん殴る。男は血反吐をはいて気絶する。サイヤはお金をすべて女たちにやってしまう。ここで経営者の男がアコギな稼ぎをしていることが暗示される。

その後の戦闘の後、サイヤ軍曹はある町でキム少年と再会する。靴磨きをしていた。キムはサイヤに取りすがり、靴を磨くから食べ物をくれと言う。そして靴を磨きながら、「女は欲しくないか？　ママと姉さん、ナンバーワンだ。男の子でもいいよ」と言う。必死である。自分も男娼になるというのだ。

サイヤは「まさか」と言い、「空腹か？」と聞く。「うん、ママも姉さんも」と少年が返事すると、「よし、じゃ、二人のところに連れていけ」とサイヤは言う。商談成立だ。少年は満面の笑みを浮かべる。

少年の母と姉を味見したサイヤ軍曹は、二人とキム少年を連れて、前線で待つ彼の部隊に戻る。その宿舎で仲間の兵隊たちに女を味わわせてやろうというのである。むろん、キム少年の家族に儲けさせてやろうとの親切心もあった。一回十ドル、ショートだけ。

兵隊たちは任務も忘れて大喜びだ。携帯プレイヤーが韓国国歌を鳴らす中で、ウイスキーを飲みながらの狂乱パーティが始まる。寝室が別にあるわけではない。誰にも見られながらの母と姉の売春が始まる。キム少年は平気な顔で、兵隊たちからお金を受け取って懐に入れる。

兵隊の一人は「母親のほうが反応がいい。娘のほうは氷みたいだ」とほざく。しかし女を抱けるのを喜んでいる兵隊ばかりではない。東洋人の顔をした兵隊は明らかに韓国人兵だろう。彼はこのパーティには参加せず、ただ黙って後ろに控えている。しかしその表情にはどうしようもない屈辱感が漂っている。この映画の秀逸なところはここにある。身体を売ってでも食べていかねばならない親子の事情を彼は理解しているのだ。

しかし酒盛りセックスパーティで警戒が緩《ゆる》んだ部隊に、忍び寄ってきた中国軍が襲いかかる。結果的に部隊は全滅してしまう。母親も姉も死ぬ。からくも生き残ったサイヤとキム少年の間に民族、世代を超えた友情が結ばれる場面で映画は終わる。

なかなかに出来のいい映画であるが、韓国では上映禁止となったらしい。むろん韓国でロケし、韓国軍が協力し、韓国人俳優も使った映画なのである。

日本人の私が見ても、韓国にとってこんな国辱的な映画はあるまいと思う。しかし偽善のヴェールを引き裂き、真実の戦場慰安婦の実態を描くなら、こういう映画にならざるをえまい。

韓国がこういう映画を堂々と自国内で上映できるような度量を持つようになれば、それは成熟した大人の国家になったことを意味するのかもしれない。

## 天皇陛下に申し訳ない

私は韓国人慰安婦だった老女たちを撮った『ナヌムの家』（一九九五年）という反日ドキュメンタリー映画のシリーズを見ている。『ナヌムの家２』（一九九七年）『息づかい』（一九九九年）と続く。

『ナヌムの家』の憐れな身寄りもない老女たちの境遇とその身の上話には、同情させられるものもあったが、「反日」という意図の下に証言が都合よく編集されている可能性はある。ドキュメンタリー映画の怖さはそこにある。当人の言葉だから嘘はないと考える、見ている側の思い込みである。しかし編集しそこなったらしい証言があった。

「父親が学校にも行かせてくれなかった」と老女が恨《うら》みがましく述べていることである。

彼女らは貧しい家庭に生まれ、小学校（普通学校）にも行けなかった境遇の女性たちなのである。だから親によって身を売られる運命に追い込まれたのだ。

昭和恐慌の時代には、日本内地でもよくあった悲劇である。特に気象条件の問題で、農作物に大きな被害を被った東北の農村は仕方なしに娘を酌婦《しやくふ》、娼妓《しようぎ》として売っていた。当時の新聞記事を信じて総計すれば、数万人を超えるのだ。青年将校たちが蹶起《けつき》する二・二六事件（昭和十一年）の大きな原因ともなっている。

一方朝鮮では、朝鮮総督府は朝鮮農民の経済状態を改善し、貧困を解消しようと必死の努力を重ねていた。昭和十二（一九三七）年でも、普通学校の就学率は二十パーセント程度だった。貧しい農民は子供を学校にも通わせられなかったのだ。

その元々の原因は併合以前の李氏朝鮮時代からの虐政によるもので、努力してもその甲斐がないと農民が思い込んでいるところにあった。しかしそのままではいけないと総督府は考えている。宇垣一成《うがきかずしげ》総督の時代に総督府が発行した『農村振興運動の全貌』（昭和十一年）にはこう書かれている。

「かかる窮乏の裡《うち》に多数の農民が不安ある生活を続けているから、春窮期《しゆんきゆう》（収穫前に食糧が不

荒廃した朝鮮農村の姿（『農村振興運動の全貌』より）

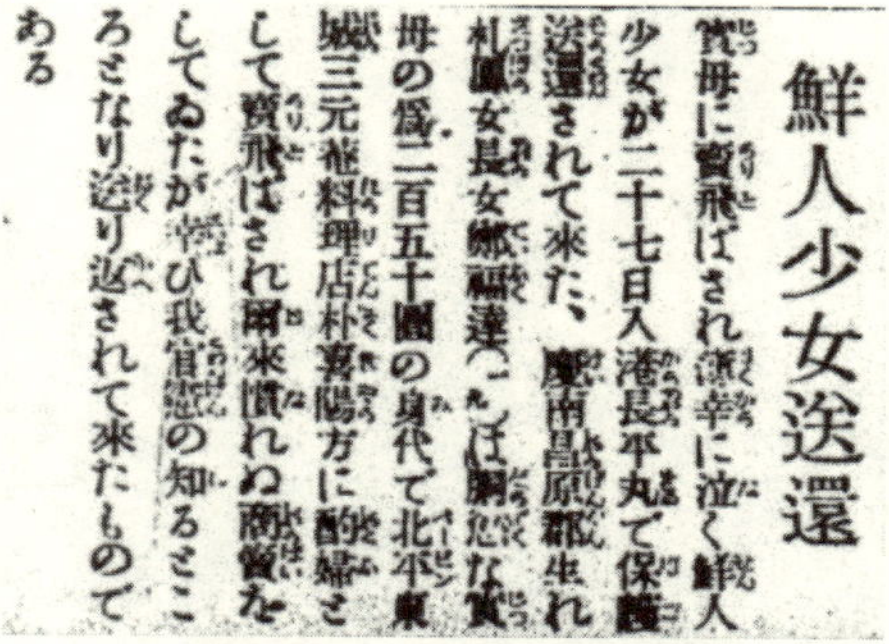

鮮人少女送還

實母に賣飛ばされ薄幸に泣く鮮人少女が二十七日入港長平丸で保護送還されて來た、慶南昌原郡生れ札鳳女長女鄭福達（一九）は胴慾な實母の爲二百五十圓の身代で北平東城三元巷料理店朴嘉陽方に酌婦として賣飛ばされ爾來慣れぬ商賣をしてゐたが幸ひ我官憲の知るところとなり送り返されて來たものである

昭和九年一月二十八日付『満洲日報』記事

足する晩春の端境期《はざかい》）には糊口をしのぐに苦しむことになるのであるが（中略）真に憫然《びんぜん》の極みであり、実に一視同仁《いっしどうじん》にましします　陛下の赤子《せきし》を永くこの状態に置くことは忍び難いことで、この多数の恵まれざる農民の存在こそ、正しく朝鮮統治の一大憂患《ゆうかん》であり、癌《がん》症であって、その生活の安定と向上とを放置して、朝鮮の開発乃至《ないし》統治は断じて望み得られないのである」

なんと貧しい朝鮮農民を放置することは、天皇陛下に申し訳ないことだと総督府は認識しているのである。同書には「窮乏の農村」とキャプションのついた写真（前ページ）が出ている。こんな掘立《ほったて》小屋に育った女子の中には、売春業に就かされた者が多いのだろう。

そのようにして親に売られた哀れな娘を日本の官憲が助けた記事があるので紹介しておこう。

〈実母に売飛ばされ薄幸に泣く鮮人少女が二十七日入港長平丸で保護送還されて来た、慶南（慶尚南道）昌原郡生れ札鳳女長女鄭福達（一九）は、胴欲（貪欲）な実母の為、二百五十円の身代で北平（北京）東城三元菴料理店朴喜陽方に酌婦として売飛ばされ、爾来慣れぬ商売をしていたが、幸い我が官憲の知るところとなり送り返されてきたものである〉『満洲日報』（昭和九年一月二十八日）

『満洲日報』は大連《だいれん》に本社があり、「保護送還されてきた」と書かれているのは、大連港に天津《てんしん》から船で送還されてきたという意味である。日本が女性の人権を守っていた証拠が確かにここにあるのである。李朝朝鮮時代のままだったら、とてもこうはいかないだろう。あの時代と違って、「鮮人少女」はちゃんと名前も持っている。

『ナヌムの家』第三作目の『息づかい』には、「ピース・ボート」に乗った元慰安婦の老女たちがフィリピンに行き、かの地で元日本軍の慰安婦だったと称する女性たちと交歓する場面がある。

私には悔しい思いがこの映画にある。

私と一緒にインパールの戦跡旅行に行った飯塚正夫さんは高齢だったが、仕事を引退後、世界各地の日本軍の戦いの跡をたどり、慰霊することを生きがいとされている方だった。フィリピンの戦跡をめぐろうとされたとき、たまたまピースボートが太平洋の船旅を実施するのを知った。自らと思想信条とは対立する団体の旅行に参加するのも面白いか……と飯塚さんはこれに応募した。一九九七年頃のことらしい。

船にはなんと、韓国から来た元慰安婦だという老女たちもいた！　年齢も近く、飯塚さんは老女たちの一人と親しくなった。ある時彼は彼女に聞いた。「あなたは本当に日本軍に強制連行されたんですか？」「違います。私は兵隊さんといつも仲良くしていました。今度の旅行も兵隊さんのお墓参りができると思って参加したのです」「じゃなぜ、新聞などであんなことを言うんですか？」「そう言わないと私はソウルに戻ったら殺されます」

飯塚さんは唖然としてしまった。

私は聞いた。

「飯塚さん、その話をテープには取っていませんか？」

「そんなこと言われるとは思ってないもの……」

残念だが、確かにそれが普通の日本人だろう。ジャーナリストでない飯塚さんは名前も聞かず、老女とのツーショットも撮っていなかった。しかし、嘘であるはずがない。生真面目で、冗談を言うような性格の人ではない。証明するものは何もないが、しかしピースボートの船上で朝鮮人慰安婦問題の真相が明かされた瞬間が確かにあったのだ。

しかし私は『息づかい』を観ていた。もし再上映することがあれば、飯塚さんと見に行きたいものだと思っていた。しかしその機会は来なかった。飯塚さんは亡くなったからだ。

## アメリカ軍のフィリピン人慰安婦

ついでながら、『息づかい』に少し出てくるフィリピン人慰安婦の問題に言及しておこう。青春映画の名作として知られる『エデンの東』のエリア・カザン監督は舞台芸術家でもあり、太平洋各地でアメリカ軍の慰問活動をしていた。第二次大戦の末期にはフィリピンにいた。そこで彼はアメリカ軍の慰安所があることを知った。彼の自伝から引用しよう。よりによって、強制連行捏造の一方の旗頭である朝日新聞から邦訳書（『エリア・カザン自伝』）が出ているのが面白い。

〈米陸軍がタクロバン郊外に売春宿を開設していることを聞き、私たちは連れ立って様子を見に行った。そこはＭＰが管理していた。女を買おうとする兵士たちは、食べ物を買うのと同じように行列していた。その長い列は六軒の小さな部屋へと続いていた。料金は十ペソ、約五ドルだった。私の見る所、軍は利益を上げているようだった。（中略）「ガールズオンパレード」で熱くなった兵士たちはあたふたと小屋から出て行った。中にいた時間は平均四五分だったろう。彼らは小屋から出ると近くの軍の性病予防センターに直行した〉

これがアメリカ軍慰安所のあからさまな実態である。河野洋平氏が言う一日二十人どころではなさそうである。彼女らはアメリカを訴えないのだろうか。またマニラに朝鮮慰安婦像を立てようとした人々は日本だけを問題にするのだろうか。

ところが、最近は「ベイビューホテル事件」というのが喧伝《けんでん》され始めた。

昭和二十（一九四五）年二月九日から十二日にかけて日本軍将兵がフィリピン人を含む欧米人女性をベイビューホテルや近辺のアパートメントに監禁して百名以上を強姦したと言われているものだ。日本軍降伏後に行われた米軍の調査資料によると、未遂も含めて被害者は七十六人となっているという。

この事件は陸軍大将・山下奉文《ともゆき》裁判でも起訴容疑に挙げられているという。しかし大規模な強姦事件なのに、犯人は一人も捕まえることができなかった。全員が戦死するわけがない。強姦の証拠は何もなく、あるのは女性による証言のみである。しかも事件が起きたとされる時と場所は、市街戦真っ只中のマニラである。常識的に考えて、敗退寸前の日本軍に女を大量に連行し、強姦するヒマがあるだろうか。

恐らく女性たちは日本軍将兵と親しい関係にあったのだ。米軍がマニラを占領した後で、彼女らは保身のために自らの〝親日〟過去を否定せざるを得ず、日本軍に暴力を受けていたと証言せざるを得なかったのだ。

私の友人の祖父でフィリピン戦線に従軍した兵士だという老人がいる。彼の話では米軍はフィリピンからオーストラリアへ退去する際に、フィリピン人を含む現地妻を残していった。その後彼女らは日本軍将兵の現地妻になったという。三年後に米軍が戻って来た時、彼女らはどのような態度を取るだろうか。聞くだけ野暮である。

しかしお人好しの日本人がいつものようにうかうかしていると、この話も明白なる〝史実〟として国連の人権委員会に持ち出されるかもしれないのだ。

## 朝鮮人慰安婦への愛情

世界に知られた小津安二郎という有名な映画監督がいる。彼は戦時中に書いた従軍日記を残している（『全日記小津安二郎』田中真澄《ますみ》編、フィルムアート社刊）。昭和十四（一九三九）年、ちょうど横綱双葉山《ふたばやま》が六十九連勝を続けている頃である。揚子江沿いの応城や九江などにいた時のことを日記に記している。

そこに朝鮮人慰安婦がいたのだ。彼はしごく普通のことに見ている。慰安婦と日本兵が仲良く、一カ月経って再会して笑い合っている、その微笑ましい情景を書き残している。

「昔の馴染みにめぐりあい、兵隊さんもなにかといそがしい」という日記の記述には、そのような慰安婦に対する温かいまなざしがある。

慰安所の注意書きも引き写し、「慰安所で酒を飲むな、性病者は出入りを禁ず」など、慰安婦に対する軍の十分な配慮もあったことを記している。これが日本軍慰安所の実態だったのだ。

小津監督は生涯独身だったが、男女関係の酸いも甘いも嚙み分けた、機微に通じた粋人《すいじん》であった。

「かかる軍人ありき」などの戦記小説の佳品で有名な直木賞作家・伊藤桂一は大正六(一九一七)年生まれで、兵隊として中国戦線に長く滞在していた。彼によれば、慰安所が戦地に最初にできたのは昭和十三年で、上海近郊だったようだ。むろん朝鮮人慰安婦もいた。彼は以下のように書いている。


〈彼らにとって慰安婦は、性欲の処理対象であるよりも、むしろ部隊の一員のようなものであり、部隊の装飾品として大切だったのである。討伐に出かけて行くときは、彼女らも旗を振って見送るし、帰ってくるときも出迎えてくれる。討伐ごとに兵隊の何人かは欠落して行くし、するとその話を聞いて、女たちも一緒に悲しむのである。戦況の悪い、僻遠《へきえん》の地の、しかも荒涼とした風物の中の中国部落にともに生活していると、女たちもまた、兵隊たちの

連帯感の一環につながってくるのである〉（『兵隊たちの陸軍史』新潮選書）

伊藤圭一のこのような述懐は、小津の日記とまさしく照応している。小津の日記に出て来る兵隊はもしかしたら戦死し、一カ月後に慰安婦と再会できなかった可能性もあるのだ。

慰安婦は「兵士が本気で打ち込んだら、たいがいは崩れて、その情に殉ずるものである。人をそうさせる環境が、戦場というものなのである」とも伊藤は書いている。このような述懐は、彼の朝鮮人慰安婦との体験をもとにした『水の琴』という短編小説を読めば理解できる。

慶尚南道《けいしょうなんどう》出身の慰安婦チドリに身も心も打ちこみ、共に食事し、映画を見、チドリの病気の看病をする心優しい兵隊が主人公である。しかし、部隊はやがて移動し、否応《いやおう》のない別れがやってくる。この別れの場面は泣きたくなるほど感動的である。おカネを媒介とする関係にあっても、慰安婦との間に愛は芽生えたのである。

むろん日本人と寝ても、首は斬られない優しい時代となっていた。

## 河野談話が唯一の「証拠」

朝日新聞さえ吉田清治のまき散らした嘘を認めた。慰安婦強制連行の証拠はどこにもないということが今は明らかとなっている。「性的奴隷」もないが、挺身隊が慰安婦を意味するという誤解は韓国にまだあるようだ。しかし挺身隊とは黒澤明監督が『一番美しく』（昭和十九年）で正確に描いているように、戦時中の女性の勤労奉仕、兵器産業の工場で働いていた姿こそが、その実情なのである。

朝鮮人も同じ日本国民であり、勤労奉仕を要請された、それだけのことである。戦時中というのは、交戦国すべてにおいて女性の社会進出の黎明期《れいめいき》だったという捉え方の方が正鵠《せいこく》を射ている。

しかし外務省のホームページには、今も堂々と平成五（一九九三）年に当時内閣官房長官だった河野洋平氏が日本軍の関与を認めた、いわゆる「河野談話」が政府の公式見解のように載せられている。

河野洋平氏は平成二十四（二〇一二）年十月八日の読売新聞で、「紙の証拠がないからといって戦後半世紀を超えて今も苦しむ女性の戦争中の悲劇までなかったと言わんばかりの主張には、悲しみさえ覚えます。アジアのみならず欧米諸国からも日本の人権意識を疑われ、国家の信用を失いかねません」と言っている。

河野談話は「（宮沢）内閣の意思」であると彼は断言している。これは河野談話の見直しを求める声が高くなっての彼の反論である。

韓国はこれに大喜びだった。韓国国内だけでは飽き足らず、アメリカ全土に「性奴隷」記念碑を次々に建てている。今では河野談話が唯一の強制連行の証拠であるとさえ言える。これがある限り、韓国、北朝鮮、中国が慰安婦問題で矛を収めることは絶対ないのである。

慰安婦問題で、国連やアメリカをも巻き込むようになった日韓関係を正常化するための第一歩は、クリック一つで外務省のホームページから不完全な調査に基づく河野談話を削除することである。

平成二十七年末に日韓の間で、日本が十億円を拠出《きよしゆつ》し（私はこれも必要ないと思っていた）、最終的かつ不可逆的な解決を合意した慰安婦問題を、政権交代後の文在寅大統領は勝手に再燃させた。日本大使館前の慰安婦像は撤去せず、今も新たに日本に謝罪を求め続けている。両国の最高機関での公式な合意であったものを自分の都合で破棄することは、自らに責任遂行能力が全くないことを認めたことを意味する。そういう国を信用する必要はない。まさに日本が河野談話を破棄する好機ではないか。

# 第6章

# 「半島の舞姫」崔承喜《さいしょうき》——反日の犠牲者

## 日本と朝鮮の良き時代

一葉の不思議な写真がある。

日本の名女優として四十二歳で卒然と引退してしまったその後も、高い人気を保持して生きた伝説ともなり、平成二十七（二〇一五）年に九十五歳で亡くなった原節子《せつこ》と、戦前〝半島の舞姫〟として絶大の人気を誇った朝鮮半島出身の舞踊家・崔承喜《さいしようき》、二人の美女のツーショットである。

撮られた日時は昭和十二（一九三七）年三月十四日、場所は当時日本の租借《そしやくち》地だった遼東《りようとう》半島の大連《だいれん》の大広場である。十六歳の原節子は振袖の和装のコート、一方の崔承喜は洋装、ゴージャスな襟巻にコートというスタイルのようだ。年齢は原より九歳年上の二十五歳である。

写真の原板はおそらく無く、この写真は『満洲日日新聞』のマイクロフィルムからのコピーで、解像度が悪いのはご了承いただきたい。しかしそれでも二人の華やかなたたずまいは伝わってくる。

原の身長は当時の日本女性としては大きい方で、一六〇センチほどだったという。一方の崔承喜は一六八センチ位あったと言われている。確かに女性がこの体格で踊るならば、相当な迫力が観客に伝わったに違いない。写真で見る二人の背格好の違いは、ほぼその伝聞のとおりと言えるだろう。背景に見えるのは、初代関東都督《ととく》であった大島義昌《よしまさ》大将の銅像で、大広場の中心に建っている。建物は横浜正金《しょうきん》銀行大連支店である。二人の目の前には大連ヤマトホテルがある。豪壮なルネサンス様式の建物で、建設されてから二十三年経っていた。

何でこういう写真が残っているかというと、二人はたまたま同じ船、門司港発の「うすりい丸」という日満連絡船で満洲に渡ってきたのである。「うすりい」は、満洲を流れる川の名前から取られている。

満洲・大連大広場に立つ原節子（左）と崔承喜

この時期二人は同じように人気が沸騰していた。原節子は昭和十一年に制作された日独合作映画『新しき土』のヒロインに抜擢されていたのである。監督のアーノルド・ファンクは、俳優の選出もシナリオ作成もすべて来日してから決めることにしていた。その過程で、『河内山宗《こうちやまそう》俊《しゅん》』(山中貞雄監督)の撮影現場に赴き、出会ったのが原節子であった。丸髷《まるまげ》を結った眼の大きなな美少女にファンクは一目惚れした。主役のヒロインが決定したのである。

『新しき土』は翌昭和十二年二月三日にロードショー公開されて大ヒットした。そしてヒロヒロインを演じた原節子は日本の映画のトップスターに躍り出たのである。映画はドイツでも公開されることになっていた。彼女はドイツでのレセプションに出席するためにシベリア鉄道経由でドイツに渡ることになった。映画製作者の川喜多長政《かわきたながまさ》夫妻らと共に、原が東京を出発したのは三月十日である。いくつかの用事を関西で済ませ、門司に着いてうすりい丸に乗ったのが十二日の午前九時二十五分。港には彼女を見送るためのファンが押し寄せ、大変な混雑となっていた。

その同じ船に崔承喜も偶然乗っていたのである。崔承喜の満洲行きは初めてではない。公演ですでに訪れている土地である。今回も公演旅行であった。

ツーショットの写真が撮られて四カ月後には、北京郊外の盧溝橋《ろこうきょう》で日中両軍が撃ち合う北支事変が始まる緊迫した時期であった。しかし私はこの時期の日本と朝鮮の関係は、それまでにないほどの良好な、ベルエポックとでも言って良い時期であったのではないかと思っている。その証拠の一つがこの写真であると思う。

## 日本の前衛舞踊に感動

崔承喜は日韓併合の翌年、明治四十四（一九一一）年十一月に京城《けいじょう》（現・ソウル）で誕生している。両班《やんばん》の家庭であり、羽根布団の中で寝起きするような恵まれた裕福な少女時代であった。学校も淑明《しゅくめい》女子高等普通学校という名門校に優秀な成績で入っている。この学校の実質的な設立者は岩手県出身の日本人、淵澤能恵《ふちざわのえ》である。

崔承喜（1911～1969）

しかし彼女の入学の頃から崔家は経済的苦境に陥るようになった。このことに関して、崔承喜は「私の自叙伝」（『婦人公論』昭和十年六月号）に、「（地主の娘だった）私がちょうど女学校の一年の時でした。中産階級としての私の家は、他の同じ地位にある多くの家と同様、経済上の恐ろしい破滅に陥ってしまいました」と書いている。三年生になると月謝さえ払えない状態で、一日二食のご飯も焚《た》けない日が続いたという。学校は彼女の月謝を免除し、学用品まで与えた。しかし憧れの日本内地への修学旅行はあきらめざるを得なかった。

「私の自叙伝」で、彼女は「それは、ほんとに、新しいものが生れるための、旧《ふる》き者の滅びと申せましょう」と言っているが、確かにそうだった。

朝鮮総督府は併合後に、七年という期間をかけて朝鮮内の土地調査を実施して、近代的な土地所有制度を確立しようとしていた。李朝時代の土地制度は乱脈極まるもので、土地台帳はそのまま信用できなかった。土地の所有者が確定できなければ、近代的な施政も課税も行えない。崔家も恐らく曖昧《あいまい》な形で土地を所有していて、それが結果的に剝奪《はくだつ》されるような境遇になったのであろう。崔家も崔承喜自身もそのことを仕方ないもの、新しいものの生みの苦しみの際の犠牲だと理解しているのである。しかもそのことで、彼女は月謝が払えずに放校されたわけではない。救済の仕組みはきちんとあった。

崔承喜の評伝『炎は闇の彼方に』の著者・金賛汀《きんさんてい》は、土地調査事業は「朝鮮人の農地の略奪と地税の収奪を目的としており」、結果として朝鮮人の広大な土地が日本人地主の下に渡ったと書いているが、一方的な理解に過ぎない。崔承喜を含む数名は修学旅行に行けなかったが、残りの同級生はちゃんと行っているではないか。収奪であるならば、学校自体が存在してはいないだろう。

土地調査が確定して初めて、産米増殖計画もできるようになったのである。農業が発展すれば、社会基盤は安定し、新しい産業が生まれてくるのであり、仕事も人口も増えたのが実情ではないか。朝鮮の土地が一部、日本人の手に帰したのは事実であるが、収奪が目的ではない。構造が変わらなければ、朝鮮社会は発展し得ないのだ。

これを理解しなかったのは彼女の兄の崔承一《さいしょういち》も同じであるが、それは彼がマルクス主義に親近感を抱く知識青年であったからだった。日本大学に留学し、日本で盛んなマルキシズムの影響を受けて朝鮮に戻り、階級文学運動に参加し、生活費を得るために京城放送局に勤める青年であった。彼の影響により、崔承喜も石川啄木の短歌を愛唱する少女時代を送った。

崔承一は日本の朝鮮統治を批判して行動する過激な社会変革運動には参加していない。それよりも彼は日本の前衛舞踊家である石井漠《ばく》の京城公演に妹を誘ったことによって後世に名を残すことになった。朝鮮人の研究生を募集していた石井漠への紹介状を持って、崔承一は妹を連れて公演を見に行った。

女学校を卒業したばかりの十五歳の崔承喜は、石井漠の前衛舞踊に体が震えるほど感動した。「これから一心に舞踊を研究して、舞踊芸術で自分の心を表現してみたいという激しい衝動に駆られたのです」(私の自叙伝)。すぐに彼女は石井漠の門下生となることを決意した。両親の反対も彼女の決意を翻すことはできなかった。石井漠夫妻と共に彼女は玄界灘《げんかいなだ》を渡ったのだった。

こうして見ると、原節子も崔承喜も、十五歳という年齢が人生の大きな転機の時だったことは共通していたのである。原節子の映画デビュー作は、『ためらふ勿《なか》れ若人よ』(昭和十年)で、彼女が十五歳の時だった。

## 半島の舞姫の誕生

東京郊外の武蔵野にある石井漠舞踊研究所での訓練、そして同時に各地を回る公演会で、崔承喜は徐々に頭角を現すようになった。それは彼女の並はずれて目立つ美貌のせいもあったろう。しかし芸術を追求しようという真摯《しんし》な姿勢は石井漠門下でも飛びぬけていた。

大正天皇の大葬の礼は昭和二(一九二七)年二月七日で、新宿御苑で行われた。多摩の武蔵野御陵に斂葬《れんそう》するために、翌日にかけて夜通しの葬列が続いた。この葬列が石井漠の研究所のそばを通過した。石井を始めとした研究所員全員が葬列に黙禱《もくとう》している間、兄の思想的影響からか、彼女は後ろを向いていたという。朝鮮を支配下に置いた日本の元首に対する民族的な反感のなせるわざだったようだ。

しかし石井が、「天皇様だけでなく、どんな人でもその死には敬意を払うべきものだよ」と注意すると、彼女は涙を流して素直に謝る十六歳の少女でもあった。

　崔承喜の両親は三年間期限付きという約束を石井漠と結んでいた。昭和四年の夏に彼女は京城に戻った。兄はロシア舞踊を学びに行かせる計画も立てていたが、立ち消えとなる。仕方なく彼女は京城で舞踊研究所を作って、門弟を集め自ら主宰して公演を行うことにした。初公演は昭和五（一九三〇）年の二月一日で、朝鮮総督の齋藤実《さいとうまこと》が特等席で観劇する盛況となった。京城日報が後援していたという事情もある。こうしてこの年から三年間に九回の新作発表会を開いた。その他朝鮮各地で舞踊会を開催して廻った。

　ファンは増えたが、経済的な苦境は変わらなかった。その美貌に好色的な関心を寄せ、援助をしようと申し出る金持ちもいた。そうしたことから起こるスキャンダルを避けるためにも、彼女はきちんと結婚する道を選んだ。相手は早稲田大学に在学中の安獏《あんばく》という青年だった。彼も兄承一と同じように左翼的文学を志向している学生だった。結婚後まもなく、安獏は朝鮮共産党再建計画に関わっているという嫌疑で警察の聴取を受けている。しかしそういう思想は彼女には問題ではなかったようだ。

　崔承一にしても、安獏にしても、彼らが魅力を感じたマルキシズムは、当時の知的な青年にとっての流行思想であった。禁断の思想に魅惑される青年は日本と朝鮮を問わず多かった。マルキシズムの説く搾取論や帝国主義論を正当と認め、マルキシズムこそが日本や朝鮮を含めた世界の未来を切り開く思想なのだと彼らは考えていたのだ。後述する兪鎮午《ゆちんご》も学生時代、プロレタリア文学に熱中していた。

崔承喜にとって、帰郷した朝鮮は舞踊の地として不毛の荒野だった。遠い昔にあった古典舞踊は死滅していた。これを新しい朝鮮舞踊として復興しなければならないという思いを彼女は痛切に感じた。三年後、崔承喜は再度来日した。

彼女を一躍有名にしたのが昭和九（一九三四）年九月二十日の日本青年館での公演だった。そぼ降る雨の中を大勢の観客が押し寄せた。

作家の川端康成は「日本一の舞踊家」と述べ、「朝鮮舞姫崔承喜」（『文藝』昭和九年十一月号）で、「他の誰を日本一というよりも、崔承喜を日本一と云いやすい。第一に立派な体軀である。彼女の踊の大きさである。力である。それに踊り盛りの年齢である。また彼女一人にいちじるしい民族の匂いである」と絶賛した。川端によれば、舞踊家として立って行くことは至難の業だという。しかしこれも崔承喜は難なくクリアした。

その後、全国各地、朝鮮や満洲で公演し、活躍する日々が続いた。昭和十年には、彼女の伝記小説を安獏の文学仲間である湯浅克衛《ゆあさかつえ》が書き、それを基に翌年四月には、崔承喜自らが主演する、映画『半島の舞姫』（今日出海《こんひでみ》監督）が公開された。経済的にも彼女は素晴らしい成功を収めたのである。

『婦女界』（昭和十一年四月号）における歌人・柳原白蓮《やなぎわらびゃくれん》との対談で、崔承喜は「私の自叙伝」で述べているものとは異なる、実家の没落の原因を話している。人の好い父親が「騙《だま》されて土地の売買をしたり、人の借金の証人になって、大金の弁償をさせられたり」したこと、妾《めかけ》の生活費の面倒もみなければいけなかったことが原因だと彼女は告白している。

こちらの方が具体的で、時期的にも後であり恐らく正しい。映画にも主演した崔承喜は『婦女界』対談の時点で、自分が日本で成功したという確信を得ていた。だから恥ずかしくても、真実を話してもいいと考えたのだ。そして朝鮮が生まれ変わるためには、古いものが滅びることが必要だという彼女の自叙伝での発言も信じていいのだと思われる。

## 靖國神社で舞踊を奉納

大連広場で撮られた写真の崔承喜のゴージャスな衣装は彼女の成功をおのずと語るものであり、左手を腰に当てるしぐさも自信に満ちている。実はこの時、彼女にはすでに欧米を歴訪して公演する企画が進んでおり、大連に降り立ったのもその「告別公演」の一環だったのだ。

原節子とのツーショットの後の昭和十二（一九三七）年三月二十三日、彼女の兄・承一の下に、

靖國神社臨時大祭で舞う崔承喜（『昭和十二年四月　靖國神社臨時大祭記念写真帖』より）

陸軍大臣官房からの手紙が届いた。四月二十五日から開催される靖國神社臨時大祭に舞踊を奉納して欲しいとの内容である。承一は「もちろん喜んで踊らさせて頂きます」と答えた。左翼青年の面影はない。ここにも私がベルエポックと判断する根拠がある。

崔承喜の舞踊奉納は四月二十六日、能舞台においてだった。

七月七日、前述したように盧溝橋で中国軍と日本軍が銃撃して対峙する事件が起こった。しかしながらそれは一時の紛争にとどまることなく、中国大陸全体へと広がっていく支那事変の序曲となるものだった。

日本の陸軍士官学校を卒業して、日本軍の将校（第二十七期）となっていた金錫源《きんしやくげん》は、支那事変が始まるとまもなく、京城のパゴダ公園に民衆を集め、「日本国の危機に立ち上がれ！」と獅子吼《ししく》した。この公園は大正八（一九一九）年のいわゆる「三・一独立運動」の発端となった地であり、現在は反日のメッカになっている場所である。

金錫源はそういういわれをむろん知っていたであろう。知った上で「朝鮮人よ、支那事変に立ち上がれ」と叫ぶ姿には、日本統治が始まって二十七年の成果というべきものが感じられる。

崔承喜もこれに応じるように国防献金として二百円を寄付した。欧米巡遊が眼前に迫る中、彼女を主演にした映画『大金剛山の譜』が撮影された。彼女はこのフィルムを持ち、上映しながら欧米を公演して廻ったのである。

彼女は十二月二十九日、横浜からアメリカに旅立ったが、その前に『モダン日本』（昭和十三年二月号）で海外公演への気構えを吐露している。

「朝鮮舞踊を国際的水準に高める為《ため》に私は斃《たお》れて後已《のちや》むの決心で踊る積《つも》りです。これは又一つに、現下の国際的非常時に際して、欧米諸国に日本の正しい認識を与えると云う日本人の義務、そう云う意味で私は個人的に文化使節として、微力乍《なが》らも国民としての務めを幾分なりとも果すことが出来ればと念じています」

最初の公演の地はサンフランシスコで、反日活動を行っている在米韓国人たちが彼女を宣伝に利用しようと色々画策した。崔承喜は相当に困惑していた。ロサンゼルスでは太田領事を訪問し、自分は全く日本人のおかげで現在の地位を築いた、反日活動をやっている朝鮮人たちは今の発展した朝鮮を知らない、但し同胞を無碍《むげ》にできない自分を誤解しないで欲しいと述べている。

彼女の公演は各国で評判を呼んだが、在外公館がパブリシティに一役買っていたことは無論であり、それは外務省の記録に残っている。

## 戦争に協力する朝鮮人たち

半島に住む大多数の朝鮮人は、大陸に向かう日本兵を駅で迎え、日の丸の旗を振って見送った。支那事変が深刻化するほど、志願兵になる朝鮮人も幾何級数的に増えて行った。

昭和十三（一九三八）年度の募集は四百名であった。それに対して応募者はなんと二千九百四十六名もいた。翌年は六百名に増やしたが、応募は一万二千三百四十八名と激増した。さらに昭和十五年と十六年は三千名の募集にそれぞれ八万四千四百四十三名、十四万四千七百四十三名が応募した。十七年は四千五百名に対し、二十五万四千二百七十三名。驚くべき激増ぶりである。

これはなぜだったのだろうか。理由は意外に簡単で、日本軍が強かったからである。中国大陸に向かう兵士たちは、その多くが朝鮮半島を経由する。大陸へ向かう強力な軍隊の回廊として朝鮮半島は機能していたのである。

三・一独立運動の指導者の一人だった崔麟《さいりん》は「大東方主義」と日鮮融和を唱えて親日派に転向していた。満洲事変から支那事変へと至る道は、こうした親日派を増大させる傾向をさらに強くした。文学者の李光洙《りこうしゅ》も独立派指導者だったが、親日派へと転向した。

北に満洲国が出現し、西方の中国＝中華思想の影響力は日本の軍事侵攻で遠ざけられ、朝鮮半島は四方から日本に取り囲まれる形となっていたのだ。第二次大戦中、朝鮮半島は全く戦争の影響、惨禍《さんか》を受けなかったが、その理由はまさしくそこにある。朝鮮半島は大東亜共栄圏の真ん中に位置していた。おそらく崔麟も李光洙も、大日本帝国の中での朝鮮自治国をめざそうと考えていたのではないか。

昭和十九（一九四四）年一月十九日は、最初の朝鮮学徒兵が入営した日であるが、作家の兪《ゆ》鎭午《ちんご》は「暁闇《ぎょうあん》の感激」というルポを、『国民総力』（二月十五日号）に書いている。「一月十九日の京城駅頭に展開された壮観こそは正に半島の歴史あって以来、初めてみるところのものであったろう」とその感激を綴っている。

日本もまた戦争遂行《すいこう》に朝鮮人の協力を求めねばならなかった。昭和二十年四月には参政権が付与された。朝鮮自治が総督府においても検討課題となっていたその時代に、当時三十七歳であった兪鎭午《ゆちんご》こそ、おそらく自治政府実現の暁にはその中心人物となったであろう。彼は京城帝大を出た秀才で、朝鮮に住む中で、教養を磨き、社会を見る目を養っていた。戦争が始まってからは、日本の戦争完遂に協力していた人物である。日本から解放後の一九四八年に制定された大韓民国憲法の起草者でもある。

## 金日成に迎えられて北朝鮮へ

大連で崔承喜と写真に納まった原節子は、前述したように昭和十八年に『望楼《ぼうろう》の決死隊』（今井正監督）という北鮮を舞台にした映画に出演した。俳優の多くが朝鮮人で、活劇として申し分のない傑作であった。原は崔承喜と一緒に写真を撮ったことを共演者たちに語っていたかもしれない。

しかし戦局は日本に不利に傾いていた。すべてが軍事中心に回る時代で、文化方面に使う物資の融通も軍部の許可が必要だった。昭和十九年秋、崔承喜は公演会に使う衣装の生地を貰い受けるために、朝鮮軍の主計将校らを京城の自宅に接待した。その席に湯浅克衛もいた。余興として彼女の弟子たちが「ポミ・ワンネ（春が来る）」という曲を伴奏に踊った。

湯浅は驚いた。その歌詞の内容は、朝鮮民族の独立を暗示しているものだったからだ。崔承喜はその日がまもなく来ることを確信していたのだ。

アメリカの短波放送を聞くことができれば、日本の戦いが不利になっていることは分かる。また彼女には中国・延安《えんあん》にいる夫からの通信もあったかもしれない。

ベルエポックは終わろうとしていた。

崔承喜は終戦を中国で迎えた。騒然とした京城に戻ったが、〝親日派〟との批判も受けた。独立運動のため延安にいた夫は平壌《へいじょう》に戻っており、彼女を迎えにきた。兄の承一も平壌に行った。金日成《きんにっせい》の支配地区である。彼女は文化人として迎えられ、北朝鮮建国後は一時大臣も務めた。夫の安獏《あんばく》も政府の高官となった。しかし共産主義体制の本当の恐ろしさを、夫共々に理解していたとはとても思えない。延安派は後の金日成の政敵となるのだ。

金日成は南朝鮮を〝解放〟しようと軍事侵攻を始めた。「朝鮮半島に歴史上最悪の戦禍をもたらした」（金賛汀）朝鮮戦争である。二百万を超す人命が犠牲になったと言われている。その過程で兄の承一は北朝鮮体制に疑問を持ったようだ。朝鮮戦争中に行方不明となっているが、恐らく粛清《しゆくせい》されたのだろう。

崔承喜には北朝鮮で、朝鮮の舞踊を世界的なものにしようという意気込みもあっただろう。だが彼女の舞踊は日本のような自由が許される世界でこそ花開くものだったのだ。北朝鮮で暮らすうちに、恐らく彼女はそれを徐々に理解し始めていたに違いない。

朝鮮戦争後、わずかばかり開かれた日本人との交流を利用して、彼女は日本公演をやりたいと述べている。恩師の石井漠にも手紙を出した。民族は違っても、日本人は川端康成に代表されるように、彼女の民族舞踊を理解し、その自由な発展を賞賛していた。そういう世界に戻りたいと彼女は痛切に思ったのだ。川端は彼女の来日公演が実現することを楽しみにしていた。しかしそれは全くかなわないことだった。

彼女もそうだが、兄の承一も夫の安獏も、自由に物事を考え、行動できる日本でその知性を磨いている。そこでは共産主義思想も、行動に移さない限り、内面では許されたのだ。しかしその思想を現実にそこで実践できると思った空間に入った瞬間に、共産主義思想は思いもかけない凶暴さを発揮するのだ。自由は全く許されないのである。自由がないと思うこと、躊躇《ちゅうちょ》することと自体が批判の対象となる。安獏も一九五八年に粛清されている。

崔承喜もその共産主義体制の犠牲者だった。兄の承一は妹が共産主義を積極的に理解する人間ではなかったと語っていたという。彼女は民族礼賛はともかく、金日成礼賛は芸術表現なのかと疑っただろう。しかし北朝鮮では金日成への全面的服従、盲目的従順こそが求められる。

金日成が北朝鮮内の権力を完全に手中にしたのは一九六〇年頃だと言われる。徐々に創作の自由は狭まる。北朝鮮に残された資料には、崔承喜の日本への協力がはっきりと記されている。批判は彼女に集中する。その出身成分は明らかに「敵対階層」である。粛清は間近に迫っていたのである。

　崔承喜は朝鮮半島の反日感情に押しつぶされた。わずか五十七年の人生であった。原節子が九十五歳の天寿を全うしたことを思えば、その落差には絶句するしかない。

　崔承喜は日本と朝鮮の良き時代を知っていた。自分が世界的な舞踊家となれたのは、日本のおかげだと理解していた。彼女は朝鮮が独立するにしても、日本とはにこやかに握手をして別れるのだと思っていたのだろう。

　北朝鮮という自由とは無縁の牢獄に入って、彼女は生きる気力を失ったのではないのだろうか。崔承喜は朝鮮の民族主義をあまりに清らかに考えていた。しかしその内実は反日感情に過ぎなかった。彼女はその反日感情の犠牲者だったのだ。

　三十八度線の南に残留すれば、彼女の人生は全うされただろうか。粛清されることはなかっただろうが、継続的な批判にさらされたことは想像に難くない。死んだ後になっても〝親日派〟の烙印《らくいん》が押されているのだ。『親日人名辞典』に彼女の名前が載ったのは二〇〇八年である。

　韓国の北朝鮮化が着実に進んでいる。韓国は共産体制でもないのに、自らその自由を押し殺そうとしている。韓国という国家の骨格を作ったのは、〝親日派〟の実務官僚たちだったことを忘却している。親日派であるかないかを民族主義のかたくなな基準とする限り、韓国が自壊する日は遠くないだろう。それは歪《ゆが》んだ民族主義ゆえの自業自得なのである。

# 第7章

# アナーキスト金子文子と朴烈

## 物々しく登場した反日映画

朴烈《ぼくれつ》という韓国人をご存じだろうか。

一九〇二年、大韓帝国下の農家に生まれ、三・一運動後、京城高等普通学校を中退して大正八（一九一九）年に日本に渡ってきた。その後、アナーキズム活動に傾倒、雑誌『太い鮮人《ふてせんじん》』を発刊する。その途次、同じく無政府主義者だった金子文子《かねこふみこ》と出会い、同棲生活を始める。朴烈と文子はその過激な言動から当局の監視対象となっていた。上海から爆弾を入手し天皇暗殺を計画したかどで、大正十二年の関東大震災の二日後、逮捕される（朴烈事件）。二人は天皇暗殺を謀《はか》ったとされる大逆事件（注1）に問われて起訴され、大正十五年には死刑判決を言い渡される。続いて、「天皇の慈悲」という名目で恩赦《おんしゃ》が出され、共に無期懲役に減刑されるが、二人はその恩赦を拒否、文子は獄中で自殺を果たす。

朴烈のほうは昭和二十（一九四五）年十月まで獄中にいた。その間、思想転向を果たし、昭和十二（一九三七）年には「日本のために生き、日本のために死ぬ」とまで述べている。出所後は反共主義を貫き、韓国へ帰国。一九五〇年、朝鮮戦争中にソウルを占領した北朝鮮軍に捕えられて北朝鮮へ連行され、一九七四年、七十一歳でその波乱の生涯を閉じている。

この朴烈と金子文子を主人公にした映画『金子文子と朴烈』（監督・李濬益《りしゅんし》）が平成三十一（二〇一九）年に日本公開された。『Anarchist from the colony（植民地のアナーキスト）』という副題のとおり、〝植民地〟朝鮮から日本内地にやってきたアナーキスト・朴烈と文子の青春を描いている。

二〇一七年制作の韓国映画で、公開直後の一週間で百万人の観客を動員し、その年、韓国のアカデミー賞と言われる大鐘賞の五部門を受賞したという物々しい触れ込みの映画である。

時代背景は大正時代の後期、西暦で言えば一九二〇年頃から二六年頃まで。朴烈と文子が東京で出会って同棲。関東大震災を期に官憲に捕われ、裁判闘争を敢行して大逆罪で死刑判決が下されたが、罪一等を減じられて、無期懲役となり、監獄で文子が縊死《いし》するまでが描かれる。映画の後半は、ほぼ法廷闘争シーンである。

朴烈と文子といえば、獄中で撮った不敵な面構えのツーショット写真で有名である。一つの椅子に抱き合うように座り、当時の日本の保守的な世相からは、ほとんどポルノチックに思われたのではないかというほどの衝撃写真だ。既存の権威を残らず否定するアナーキストとして、この男女二人の面目躍如たるものがある。そして、その撮影の背景にある事情も史実に沿って描かれている。

予審中に公開され、世の中を騒然とさせた朴烈と文子の写真

　大正時代の東京の街並みも風俗も、よく調べて再現しているものと感心する。日本語指導も含めて、李監督の演出力は相当なものである。

　しかし、映画に現れた歴史観となれば、幾つも由々しい問題がある。たとえば水野錬太郎《れんたろう》（注2）は帝大法科卒の練達《れんたつ》の官僚であり、映画のように司法機関を自在に操縦する悪人に描かれるべきではない。

　映画は朴烈が東京で人力車を引く生活をし、日本人客が、料金を払う段になって朝鮮人だとバカにして料金を踏み倒し、朴烈はなす術もなく引き下がる場面から始まる。現実にはこんな場面はあり得ない。朴烈ならば、客を張り飛ばし、逆に金をふんだくるはずだ。日本人は加害者で、朝鮮人が常に哀れな被害者という図式は安易に過ぎる。

## 三・一独立運動〝虐殺〟の真実

描かれる時代が大正九（一九二〇）年からだと仮定すれば、当時がどういう情況であったかをまず理解する必要がある。

朴烈が日本にやってきたのは、大正八年三月一日に京城のパコダ公園から始まった「三・一独立運動」の直後である。彼もこの運動に参加していた。映画では、朴烈がその時のことを裁判で陳述する場面がある。

総督府の警察が運動の参加者の鼻や舌を切り、女性の陰部にものを突っ込んだなどと叫ぶシーンに至っては論外としか言いようがない。これは彼の友人からの伝聞にすぎない（『朴烈』金一勉《きんいちべん》著）。日本の残酷さを強調するためには、友人はどんなことでも言っただろう。

三・一独立運動で最も有名な事件は、堤岩里《ていがんり》教会虐殺事件である。四月十五日、京城の南約三十キロの水原《すいげん》郡にある堤岩里の教会に集められた独立運動の被疑者たちが、有田俊夫中尉によって建物内に集められ、火を点けられて二十数名が銃撃によって虐殺されたと言われる事件である。

殺されたのは事実だが、それには理由がある。四月初めに、独立運動に乗じて、水原の激昂した群集が日本人警察官二名を無数の投石で人事不省《じんじふせい》にした。さらに、鼻を削《そ》ぎ目をえぐる、陰茎を切る、腕を断ち切るといった、残虐この上ない殺し方をした事件が先にあるのだ（『三・一独立運動』市川正明編）。

有田中尉らはこの事件の被疑者を教会に集めて、尋問しようとした。当然その中には犯人たちがいたはずである。尋問中に騒ぎ始め、教会内が暴動化の様相を見せたため、有田中尉らはやむなく銃による制圧の手段を取ったのだ。

警官たちをあのような残虐な手段で殺した凶暴な連中であれば、武器で身を守るしか有田中尉らには方法がなかっただろう。無抵抗で殺されろと言うのだろうか。

また朴烈の友人が言うような苛烈な拷問が事実であったならば、この闘争の指導者だった知識人たち、李光洙《りこうしゅ》、金龍済《きんりゅうさい》といった文学者、崔南善《さいなんぜん》、崔麟《さいりん》、朴熙道《ぼくきどう》といった思想家たちは、その後、親日派に転向することは絶対なかっただろう。

朝鮮総督府の内部資料によると、朝鮮人側の死亡者は五百五十三名、負傷者は千四百九名。確かに深刻な大事件だったが、捕われた多くの人は温情的な配慮をされたことは間違いない。この運動に対しても、元首相の李完用《りかんよう》や澁澤栄一《しぶさわえいいち》に可愛がられた実業家の韓相龍《かんそうりゅう》らが騒動を止めるように動いている。一部の不満分子の闘争であり、朝鮮人すべてが加担したのではない。闘争用の銃器はおそらく満洲（間島《かんとう》）から入っている。

騒動の後、斎藤実《まこと》新総督の下で、言論の自由もかなり許される文化統治の時代が始まる。この時に政務総監を務めたのが、先述した〝悪人〟の水野錬太郎である。「文化統治」という言葉の生みの親であり、日本人官吏に朝鮮語の習得を奨励し、京城帝大の創設を推進した。京城帝大は現在のソウル大学の母体とも言えるから、文在寅大統領は「親日清算」（二〇一九年二月二十六日閣議での発言）の一環として、悪人が作った大学を解体すべきであろう。

ついでに言えば、国旗も変えるべきである。太極旗を考案したのは親日派の朴泳孝《ぼくえいこう》だからである。作られたのは、明治十五（一八八二）年、彼が朝鮮政府の使節代表として日本に向かう船上のことである

## 悲惨の極みにあった文子

朴烈は反日闘争を継続し、日本の権力層に痛烈な打撃を与えることを目的として日本にやってきた。仲間の朝鮮人や日本人の社会主義者たちと共に、非合法の活動を計画していたのだ。自ら進んで「不逞《ふてい》鮮人」と自称するほどである。権力者にふてぶてしく歯向かうテロリストの心情を吐露した「犬ころ」という朴烈の詩に、満身の共感をもって接近してきたのが一歳年下の文子であった。

文子が獄中で書いた膨大な分量の手記が残っている（『何が私をこうさせたか』）。これを読むと、悲惨の極みというべき彼女の半生に同情せざるを得ない。

貧しい夫婦の私生児として生まれ、父は母の妹に手を出し、母は次々に男を替えるという倫理観が欠如した両親である。籍がないため、学校にはお目こぼしとして通い、なんとか読み書きはできるようになった。九歳の時に朝鮮に渡っていた父方の祖母の家に世話になるが、体《てい》のいい女中代わりで、祖母は彼女を孫とも思わない。ゴミ箱に捨てられた焦げ飯を拾って、空腹を満たす日々だった。

十六歳のとき、文子はとうとう東京に逃げ出す。知識欲も旺盛で、夕刊売りなどをしながら勉学に励む。正則《せいそく》英語学校にも通った。

彼女の人生は家族の愛情のひとかけらも享受できないものだった。この暗い半生に絶望して、彼女は死のうと思った。しかし死ななかった。それは彼女に自分の個人的な体験をなんとか普遍化しようという強い欲求があったからだ。そして朴烈という男との出会いで、彼女はアナーキズムという思想に目覚めるのである。

「復讐！　それはいずれの場合においても、虐《しいた》げられたる者の歩むべき唯一の道であり、正義であるのだ」

無残としか言えないが、これは彼女が残している文章である。

## 関東大震災に乗じて暴動を起こした朝鮮人社会主義者

映画は朴烈と文子らが逮捕されるきっかけとなる関東大震災（大正十二年）の模様も描いている。自警団の凶暴な描写と言ったらひどいものである。日本語を正確に発音できなければ、子供でも遠慮なく刺し殺すのである。

当時、三・一運動の直後成立した、上海にあった〝大韓民国臨時政府〟が、六千名が虐殺されたと勝手に宣伝したことをそのまま映像化しているのである。朝鮮人による暴動は流言飛語のたぐいであり、自警団は狂気のように朝鮮人を虐殺したという通説に乗っかっているわけである。

震災に乗じて放火やテロを行い、井戸に毒を入れようとした朝鮮人社会主義者を自警団が治安上の敵としていたことは事実である。警察に拘束された朴烈の仲間たちも、実際に朝鮮人が火を点けたり、爆弾を投げたり、婦女子を暴行したということを信じていた（『朴烈』金一勉著）。

こうした情報がかなりの確率で正しかったことを『関東大震災「朝鮮人虐殺」の真実』（加藤康男著）は実証している。「流言飛語だから、朝鮮人を保護せよ」と指令を出した後藤新平内務大臣さえも、実際は朝鮮人暴動を事実だと理解していた。指令を出した理由は高度の政治判断で、欧米ジャーナリズムが「無慈悲な朝鮮人虐殺」と海外に報道し始めていたからだ。

一方で、朴春琴《ぼくしゅんきん》が中心となって組織した相愛会という団体の朝鮮人は安全だった。日本人と協力して震災の片づけに励んでいる。無辜《むこ》の朝鮮人たちを殺すはずはない。

大震災の当日九月一日、朴烈らは代々木の下宿にいたが、被害は免れた。その翌朝、二階の窓から見える、下町一面をめらめらと焼き尽くす炎と、空を覆う真っ黒い煙に興奮したのだろうか。同居人の崔圭悰《さいけいそう》は「革命はこんな時でなければ起らないのだ」と大声を上げた（『朴烈』金一勉著）。何かをやろうとした朝鮮人たちが確かにいたのだ。

ついでながらこの大震災を体験した金天海《きんてんかい》のことに触れておきたい。彼は朴烈より四歳年上で、大正十一（一九二二）年頃に来日した朝鮮人共産主義者である。アナーキズムとの思想的相違のためか、朴烈との交流はなかったようだ。

その金天海が書いた自伝（草稿）によれば、大震災のさなかに彼も警察に拘束されている。予防拘禁のようだが、特に暴行を受けたということはない。

それなのに上野公園で、朝鮮人の妊婦が腹を槍で突かれて胎児を引き出されたと、目撃者でもないのに書いている。荒唐無稽なことをぬけぬけと書く姿勢にはあきれるしかない。プロパガンダを堂々と書く。上海臨時政府の言う六千人虐殺が信用できない理由の一つである。

さらに追記しておこう。一九八〇年に韓国の光州で起きた「光州事件」（注3）においても、軍人が妊婦を殺して胎児を引き出したと根も葉もないデマが飛んだ。一旦敵とみなせば、どんな手段を取っても相手を貶《おとし》めるのが、かの国の流儀なのだろうか。

## 無政府主義者たちの末路

ロシア革命、米騒動（注4）、第一次世界大戦後の大不況といった諸要因が、今まさに大変革を促しているサインだと当時の社会主義者たちには思われていた。思想的背景は違っても、朴烈らは安田善次郎《やすだぜんじろう》や原敬《はらたかし》首相の暗殺事件（大正十年）に強く共鳴していた（『朴烈』金一勉著）。

こうした革命への強い意思を持つ社会主義者が少なからずいることに、治安に携《たずさ》わる日本の警察や軍隊は神経を尖《とが》らせていた。大震災に乗じて革命を起こそうと、実際に行動に移した社会主義者たちがいたのだ。

大杉栄《おおすぎさかえ》事件（注5）や亀戸《かめいど》事件（注6）など、大震災中に日本人社会主義者が殺されたのは事実である。痛ましい事件だが、体制変革を公然と叫んでいれば、そうなる覚悟も政治運動家として持っているべきだろう。アナーキズムは無政府主義とも言い、伝統的保守派には不気味で、不埒《ふらち》な政治思想である。

大杉の仲間のアナーキスト吉田一《よしだはじめ》は、一九二二年にモスクワで開催された「極東諸民族大会」

という社会主義者の会議に参加し、演説している。それによると、前年の大正十（一九二一）年のメーデーの日に、皇居前を行進していた彼の仲間たちが「日本労働者の敵は千代田にいる」と叫び、労働歌を歌い始めたというのだ（『コミンテルンと日本』川端正久著）。千代田とは皇居を意味する。

警備していた警官も気づいていたことだろう。当然、彼らの頭目は大杉栄ということになる。むろん大杉事件で六歳の甥まで殺害したのは論外で、行き過ぎがあったことは否めない。

映画では、朴烈らが震災前に爆弾をつくろうとしている場面がある。この年の秋に行われる予定だった皇太子（昭和天皇）の成婚式に合わせ、爆弾テロを計画していたことは明らかである。震災がなければ、計画は実行されていたに違いない。十二月、彼らの代わりに、これを実行したのが難波大助《なんばだいすけ》という社会主義者である（虎ノ門事件）。

このテロ計画を、映画では彼らの仲間の新山初代《にいやまはつよ》が自白したと描写している。文子も同じように証言している。予審担当の立松懐清《たてまつかいせい》判事は痛ましい文子の経歴に同情したようだ。その同情にほだされ、彼女は固い心の扉を開けたのである（『朴烈』金一勉著）。

ところが、映画ではそのようには描かれない。あくまで彼女は現代的な強い女として描かれなければいけないのである。

朴烈らは九月三日に警察に保護検束《けんそく》された。「六千人も虐殺」する凶悪な日本人なら、朴烈らも留置場でなぶり殺しに遭ってもおかしくない。映画で「自警団に捕まるより、警察がいい」と朴烈が言うが、日本の警察の優しいところを実は知っていたのだろうか。

朴烈と文子は大逆事件で起訴される。これをでっちあげだと言うが、未遂《みすい》であっても計画した事実はあるので、当然の措置と言えるだろう。

## 朴烈の転向

映画は獄中生活二十二年後、日本の敗戦とともに秋田刑務所から釈放される朴烈の写真で終わっている。獄中生活のことも、戦後のことも都合が悪いのか描かれていない。

実は朴烈は獄に入ってほぼ十年後、昭和十（一九三五）年に「恭順上申書」を提出している。つまり転向声明である。

それから三年後、支那事変が始まると、旧友に「赤子に還《かえ》った日本晴れ」の心境を手紙で伝えた。これは新聞でも報じられ、それを知ったある出征兵士は「朴烈に旨いものを食べさせてくれ」と五円を刑務所に送ってきた。朴烈はそれを内鮮融和事業資金に寄付している（『支那事変報国美談　第七輯』）。

戦後、日本統治から離れた在日朝鮮人たちは、ある意味で超法規的存在だった。犯罪まがいのことをやっても自由で、〝朝鮮進駐軍〟と恐れられた。そうした同胞を朴烈は痛烈に批判した。「日本にいる同胞諸賢の行動に対して見聞したる所に依《よ》れば我々が誇りとする所の道義は低落していると云い切れよう。隠匿《いんとく》物資の発見された時の醜態だとか、或いは詐欺、恐喝、脅迫に近い言辞を弄《ろう》する等、或いは交通機関の秩序を紊《みだ》す様な」(『世界文化』昭和二十一年四月号)「規律を破り秩序を紊す事を得意がり、それが朝鮮民族の態度であるかの如く言動しているものありとすれば、之《これ》は我が民族の今日と将来の為《ため》に嘆かざるを得ない」とも述べている。

日韓請求権協定(日韓基本条約)を弊履《へいり》(破れた履物《はきもの》のように無価値なもの)のごとく破棄しようとする、現在の韓国の態度を批判していると思うのは私だけだろうか。

(注1)大逆事件　明治十五(一八八二)年に施行された旧刑法百十六条、および大日本帝国憲法制定後の明治四十一(一九〇八)年に施行された刑法七十三条(昭和二十二〈一九四七〉年に削除)が規定していた、天皇、皇后、皇太子等を狙って危害を加えたり、加えようとする罪、いわゆる大逆罪が適用され、訴追された事件の総称。特に有名なのが、明治四十三(一九一〇)年五月、各地で多数の社会主義者、無政府主義者が明治天皇暗殺を計画したとの理由で検挙され、翌年一月、幸徳秋水《こうとくしゅうすい》をはじめとした二十六名の被告が死刑その他の刑に処せられた事件。「幸徳事件」ともいう。

（注2）水野錬太郎　内務官僚・政治家。東大卒。法律通を認められ第一銀行から政界へ入る。貴族院議員・内相・朝鮮総督府政務総監・協調会会長等を歴任した。翼賛会・日政会各顧問。昭和二十四（一九四九）年歿、八十二歳。

（注3）光州事件　一九七九年十月二十六日の朴正熙大統領の暗殺後、韓国の政治は動揺した。全斗煥《ぜんとかん》少将が実権を握ったが、軍事体制に反対し、民主化を叫ぶ学生や市民が一九八〇年五月十八日に激突した事件。五月二十七日までに、武器庫を襲って武装化した市民側との間に多数の死者が出た。

（注4）米騒動　米価の暴騰をきっかけとする民衆暴動。特に大正七（一九一八）年、富山県魚津町で起こったものは全国的に広まり、軍隊が出動して鎮圧した。この事件で寺内正毅《まさたけ》内閣は総辞職した。

（注5）大杉栄事件　大杉栄は大正期の代表的アナーキスト。関東大震災の混乱のなかで、伊藤野枝《のえ》および甥とともに憲兵大尉甘粕正彦《あまかすまさひこ》によって殺害された。

（注6）亀戸事件　大正十二（一九二三）年九月四日夜、東京・亀戸で、関東大震災の混乱に乗じて、南葛《なんかつ》労働組合の幹部河合義虎ら組合員九人と自警団員四人、それにアナルコ・サンディカリズム（無政府組合主義）系の労働組合員平沢計七人を警察と軍が虐殺した事件。

# 第8章

# 朝鮮総聯《そうれん》と民団
# ――曺寧柱《そうねいちゅう》の「我が闘争」

## 「善意の悪政」

石原莞爾《いしわらかんじ》をごく一般的に紹介するなら、満洲事変の首謀者、あるいは満洲建国の父となるだろう。その石原の側近中の側近だった曺寧柱《そうねいちゅう》という韓国人がいる。石原は昭和二十四(一九四九)年八月十五日に亡くなったが、葬儀委員長は曺寧柱であった。曺は戦後、大韓民国居留民団の団長をも務めた大物である。

曺の晩年のことだが、私は「日本の朝鮮統治は善意の悪政であった」と聞かされたことがある。なんという理由もなく、なるほどなあと感心したことを覚えている。

その後、石原莞爾の研究をしているうちに、私は石原が朝鮮問題を論じた「国内に於ける民族問題」(昭和十五年)に「善意の悪政」という言葉が使われているのを発見した。当時いわゆる「創氏改名」が問題となっていた最中である。

「ははあ、曺さんはこれから取っていたのか」と思った。しかし実はまだ先例があったのである。黒龍《こくりゅう》会を主宰する日本の国家主義者・内田良平が、大正九(一九二〇)年に書いた「朝鮮時局私見」なる文章で、総督府の施政を「善意の悪政」と評していた。その前年には「万歳騒擾《そうじょう》事件」、いわゆる「三・一独立運動」という反日武装闘争が起こっていた。内田はそのことを念頭にこれを書いている。

これが初出だろうと思っていたら、まだあった。中野正剛《せいごう》著『我が観たる満鮮』（大正四年刊）に「善意の悪政」と出ている。朝鮮併合からまだ五年しか経っていない。

万歳騒擾事件も創氏改名も、日本にとって非常に評判の悪い事件である。となると、朝鮮統治三十五年間は、全くの悪政の連続だったのだろうか。ともあれ、中野の言う善意の悪政とは何だろうか。

当時中野は朝日新聞記者として、満洲、朝鮮を一年半も視察旅行していた。当時の寺内正毅《まさたけ》総督にも会って、朝鮮を発展させようというその意欲、清廉潔白なところ、人格を称賛している。人柄としては文句はない。しかしその施策が官憲万能主義であり、人民に対する命令的権威を以《もっ》て政策が実行される。官憲の濫用が人民を禍《わざわい》すると中野は批判する。「総督は専制的良治を知りて、自治的善政を知らぬ」とも中野は評している。

たとえて言うなら、危険な闇道を安全に通行させるために、あらゆる危険な場所に警官を立たせているようなものだと彼は言う。しかし最初の警官と次の警官の指示が違う。どちらを信じればいいのだとなる。その実態は人民の生活を混乱させることばかりだと中野は批判する。街灯を付ければいいことだ。それで人民は行くべき道を自分で判断することができる。

街灯とは、つまり言論の自由である。それを圧迫している。新聞も総督府の御用紙しか発行を認めていなかった。言論を自由にすれば、批判が総督の耳目に入り、間違いも訂正できるのである。

朝鮮農民の怨嗟《えんさ》の一例を挙げる。総督府は人民の八割を占める零細農民たちに貯穀《ちょこく》の奨励策を採った。米穀が騰貴《とうき》したときに売れば、農民の懐《ふところ》が温かくなるという保護策である。しかしこれが現場では役人による命令と化してしまう。売りたくても売れない。

彼らには金銭的余裕がないのだ。李朝時代の「虐政の結果独立を失える」朝鮮の農民は極度に疲弊《ひへい》し、「全く朝鮮の昔の役人は民の生き血を啜《すす》る餓鬼であったのだ」と中野は書き、少し物持ちになったと噂を聞くと冤罪《えんざい》でしょっぴいて拷問にかけ、貯えを全部吐き出させる悪逆な役人の実例を紹介している。

日清戦争の頃の話であると中野は言うが、彼に先立つ明治七（一八七四）年、フランス人宣教師のダレが書いた『朝鮮事情』（東洋文庫）にも同じ事例が報告されている。こういうことは李朝時代の何百年も続く陰惨な慣行だった。

だから植える種籾《たねもみ》も高利貸しから借りている。出来た米穀はすぐ売らないと借金が返せない。それを結果的に総督府は禁じていた。

同じような「官憲万能主義」の失敗を綿花や煙草の栽培でもしていた。総督府は農民のためを考えて政策を作ったのが、かえって仇《あだ》となっていると中野は説くのだ。命令よりも、言論の自由を許すことにより、よりよい施策が得られるはずということを総督府は知らない。問題の根源を知るためには言論を自由にせよ。解決策はおのずと現れると中野は説くのである。

三・一独立運動の指導者だった李光洙《りこうしゅ》は、当時のことを以下のように回想している。

「当時は韓国が日本に併合されて間もない頃で、言論出版の自由は露ほども許されていませんでした。それで朝鮮人は、併合直前に一時盛んであった政論さえもできず、固く口はつぐみ（中略）死のような沈黙は、永遠に続くのかと思われました」（『李光洙』波田野節子著より）

曺寧柱は、「韓国人は政治がメシよりも好きな民族である、生活程度が少し落ちても政治の道を開けておいてくれたほうが満足する、しかしそういう道を法律で閉ざしたから総督府は反発を招いたのだ」と言う（「韓国人と日本人」『中央公論』昭和五十四年八月号）。

しかし中野のように、日本側から言論を自由にせよという提言が、併合から五年目にはあったことを忘れてはならない。

内田良平も、大正八（一九一九）年に三カ月続いた万歳騒擾事件（併合から十年後）は、そうした「善意の悪政」が原因で起ったと指摘している。このような農民の怨嗟《えんさ》に付け入ったのが反日組織としての欧米宣教師団体や共産党であった。

## ソ連に踊らされた民族解放運動

中野正剛の『我が観たる満鮮』が刊行されて二年後にロシア革命（一九一七年）が起こる。その当時、ソ連は資本家によって搾取《さくしゅ》される零細農民や下層労働者の楽園として誕生したのであり、唯物史観の説く人類社会の到達点としての共産主義社会が、今そこに建設されていると多くの人に思わせるものがあった。資本制社会に貧富の差のあることに、純粋に憤《いきどお》りを覚える青年層の心をつかんだのがマルキシズムであった。

またソ連は弱小民族の味方であることも宣言した。日本に併合された朝鮮も搾取されている。朝鮮人民は解放されなければならないと朝鮮人共産主義者は主張できるようになったのである。つまり日本の朝鮮統治は「悪意の悪政」となるのである。

明治四十三（一九一〇）年生まれの高峻石《こうしゅんせき》は、戦前は京城日報の記者などをして、戦後は半島の左翼運動に挺身《ていしん》していた人物である。日本に渡り、朝鮮総聯《そうれん》系の運動家となった彼は、朝鮮の民族解放運動は、三・一独立運動以降、民族主義者ではなく、共産主義者のヘゲモニーの下に行われるようになったと『朝鮮　1945—1950』で書いている。

上海にできたいわゆる大韓民国臨時政府も三・一独立運動の最中、一九一九年四月に成立している。初代大統領は、かの李承晩《りしょうばん》である。

戦後、大韓民国大統領として李承晩ラインを作り、竹島を占領した彼の反日の原点は、牢獄に入れられていた時代に、日本の官憲に爪を剝《は》がされた体験にあると、後述する権逸《こんいつ》はその回顧録で述べている。噂話が元なのかもしれないが、明らかな間違いである。

一八七五年生まれの李承晩が朝鮮近代化運動に目覚めるのは学生時代、日清戦争後にできた「独立協会」に関係するようになってからである。これは一八九八年に正式に非合法化される。そして彼は王位廃止と政府転覆の容疑で逮捕される。

李承晩が出獄するのは一九〇四年八月で、日露戦争の最中である。拷問を受けたのであれば、この獄中期間である。その責任は明らかに大韓帝国（一八九七～一九一〇）にあろう。日韓併合後の一時期、李承晩は朝鮮にいたが、総督府によって逮捕もされてはおらず、拷問などは受けていない。

## 共産主義から転向した曺寧柱、非転向を貫いた金天海

多感な曺寧柱《そうねいちゅう》少年は、そのような左翼思想に影響されて成長していった。二十歳の時には共産主義者だった。昭和四（一九二九）年に起きた光州学生暴動事件に、彼は参加している。

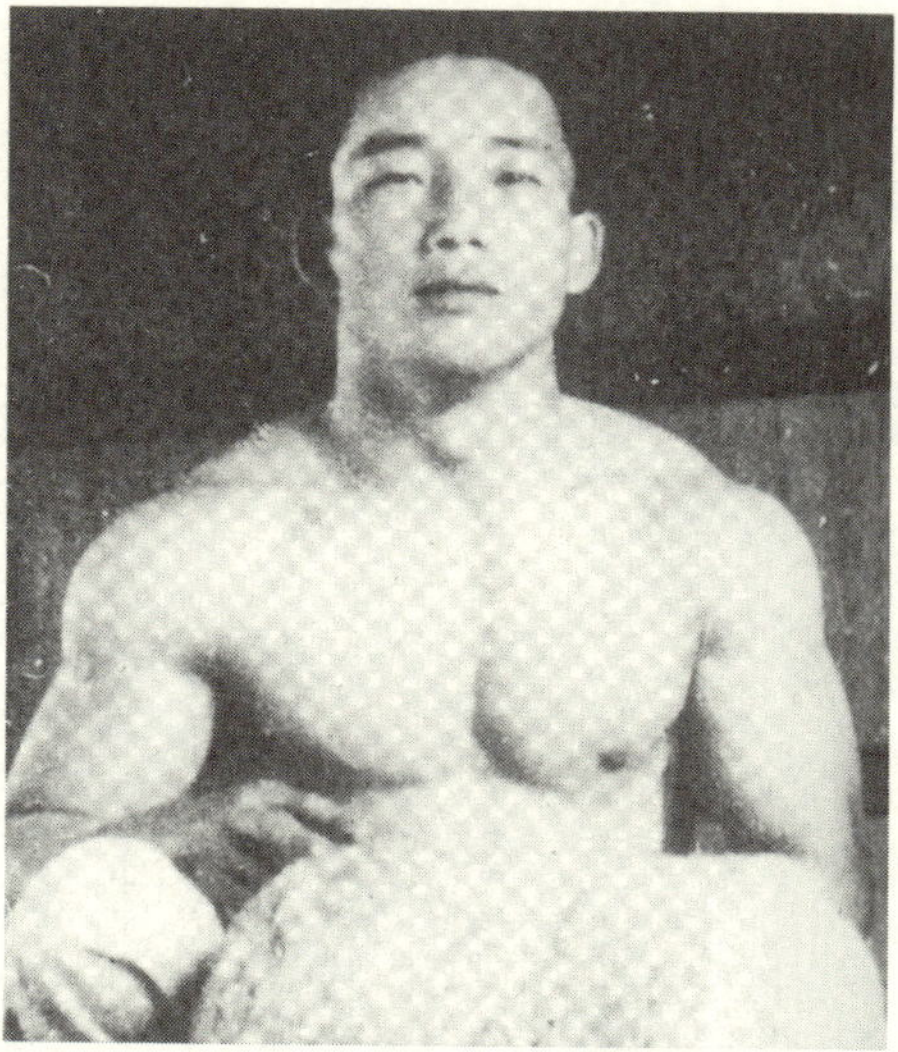

青年時代の曺寧柱

その後日本の京都帝大に入学した曺寧柱は、学内の共産党組織で活動している。マルクス主義経済学者の河上肇《はじめ》のボディガードを務めたこともある。

昭和八年の「京大滝川《たきがわ》事件」にも関係した。滝川幸辰《ゆきとき》教授が講義でマルクスレーニン主義を唱えたことが問題となり、免職になった事件である。これに対する抗議行動に曺寧柱は参加した。抗議の意味もあったのだろうが、京大を退学し、立命館大学に転校した。

しかしその頃から曺寧柱は共産主義に違和感を持つようになった。思想的にも、実践の現場でも限界を感じるようになっている。ほぼ同時に京都「義方会」で始めた空手に精進するようになる。義方会の主宰者、福島清三郎《せいざぶろう》は石原莞爾の心酔者であった。福島の紹介で、曺寧柱が石原と会うのは昭和十四（一九三九）年のことである。石原は当時、東亜聯盟《れんめい》運動を展開していたが、曺寧柱は何よりもまず石原莞爾に魅了され、東亜聯盟運動に挺身していくのである。

付言すれば、光州学生運動の中心人物である姜永錫《きようえいしやく》も石原莞爾の盟友である里見岸雄《きしお》の日本国体学会に入ることになる。また大正時代に天皇へのテロ事件を画策したとして、無期懲役の刑に服していたアナーキスト・朴烈《ぼくれつ》も支那事変の最中に転向していた。在日朝鮮人にとっては、そのような転向の時代でもあった。

昭和十五年に創氏改名問題が起きる。これに抗議の意味で自宅の井戸に投身自殺した人がいた。しかし創氏改名は元々日本名を名乗りたい朝鮮人側の希望に応じたもので、強制ではなかったのである（届け出は昭和十五年二月から半年以内限定）。広報の不徹底、末端朝鮮人官吏《かんり》による強要という逸脱《いつだつ》事件もあって、総督府はあわてて強制ではないと三度も声明を出している。この自殺した人物が親日的であったことは悲劇である。「善意の悪政」の典型である。

しかし、前出の『朝鮮事情』でダレは、「（朝鮮では）怒りが爆発したりすると、人々は不思議なほど安易に首を吊ったり、投身自殺をしたりする」と述べている。

フランス人もあきれてしまうような朝鮮人の性格にも大きな問題があったのだ。日本風に創氏しなくても罰はなかったし、戸籍においても「姓」を書く欄が抹消《まつしよう》されることはなかった。曺寧柱は「石島」と創氏した。尊敬する石原（莞爾）、福島（清三郎）の名字から一字ずつ頂いた。

曺寧柱はこうして「悪意の悪政」観から脱却していき、戦時徴用にも積極的に協力した。その活動ぶりは朝日新聞で好意的に報じられることになる（昭和二十年四月七日付）。しかし全く転向を肯《がえ》んじない共産主義者たちも少なくなかった。その代表が金天海《きんてんかい》である。

金天海の来日は万歳騒擾《そうじょう》事件後の大正十一（一九二二）年頃である。すでに左翼思想に目覚めており、日本共産党に入党し、朝鮮独立、朝鮮人労働者の待遇改善などの階級闘争に従事するようになる。

朝鮮人労働者と日本人雇用者との間には、問題ばかりがあったわけではなく、相互に協調しようという運動もあった。内鮮融和の方針を採る在日朝鮮人の代表が朴春琴《ぼくしゅんきん》（代議士も務めた。妻は日本人）であるが、そういう方針を暴力行為に及ぼうとも断じて認めないのが金天海らの路線だった。その行動は昭和の時代になると特に激しくなっていく。高麗《こうらい》共産党日本支部がひそかに作られるのも昭和二（一九二七）年のことだ。

金天海の過激な行動は計三度の逮捕と裁判、服役という結果となる。朴烈が転向したことは獄中で聞かされただろうが、彼は決して転向しなかった。彼と親しい人物に、同じく非転向を貫いた獄中十八年の徳田球一《きゅういち》や山辺健太郎がいる。山辺は獄中で金天海と一緒になり、戦後は共産党系の評論家として活躍した。

結局金天海は、徳田と同じく日本が敗戦するまで出獄することはできなかった。徳田は戦後すぐの日本共産党書記長となる。

## 運命の三十八度線

昭和十五年に金昌南《きんしようなん》という東亜聯盟協会員の朝鮮人が、石原莞爾に手紙を書いている。それは朝鮮も東亜聯盟の一員として、「朝鮮協和国」として独立したいとの希望を述べたものである。「内鮮一体」と言われる時代となったが、やはり日本人の下に朝鮮人は置かれているとのひそかな不満がそこにあった。

石原は懇切丁寧《こんせつていねい》な返事の書状をしたためている。要約すれば、あなたの気持ちは分かる、朝鮮には「高度の自治」を認める。しかし独立は考えない方がいい。独立は結局「ソ連等の力」を借りることになるからということである。

「ソ連等の力」ということは共産主義のことである。朝鮮が無理に独立することは半島が共産化することであり、そういう由々しい事態は避けるべきだというのが石原の立場である。石原は共産主義者がヘゲモニーを握っている朝鮮独立運動の内部事情をよく理解していたのである。

これに対して金昌南は、了解しましたという旨《むね》の返事を出している。

昭和二十（一九四五）年八月十五日、日本は敗戦し、朝鮮は独立することができた。しかし半島は日本の敗戦とほぼ同時に三十八度線で分断された。アメリカとソ連の軍政上の都合で合意されたものである。

このことに関して韓国側からは、日本がもっと早く降伏していれば、三十八度線はなかったという批判がなされている。笑止というしかない。ないものねだりの議論である。

一九四五年二月のヤルタ会談で、ルーズベルト米大統領がスターリンに、ソ連の参戦や満洲の権益を認めたこと、千島の領有まで認めたことにより、朝鮮半島へのソ連の影響力浸透は、ほぼ決定的になっていたと断言することができる。

ヤルタ会談の時点で、すでに日本はノックアウト寸前のボクサーだった。ソ連は満洲はもちろん、朝鮮半島全てを支配下に置くことを狙っていたはずだ。八月九日の参戦後、怒涛《どとう》のごとく南下するソ連軍の行動にあわててアメリカが引いたのが三十八度線である。

偶然のことだが、日露戦争以前にロシアとの戦争を欲しない伊藤博文が勢力圏の分断線として考えたのが三十八度線だった。

ともあれ、半島の北半分は、石原の危惧する「ソ連等の力」で独立したということになる。

## 朝鮮人同士の武装闘争

日本では敗戦後すぐに、在日朝鮮人聯盟（朝聯《ちようれん》＝現・在日本朝鮮人総聯合会〈朝鮮総聯《ちようせんそうれん》〉）が組織された。九月の準備委員会では、曺寧柱と親しく、石原莞爾を尊敬していた権逸《こんいつ》が副委員長になっていた。しかし十月に出獄してきた金天海が結成大会に参加すると、彼は天皇制打倒を演説し、権逸らの親日派を暴力で排除した。権逸は瀕死の重傷を負った。ともあれ在日の約九割がこれに組織されたと言われる。

権逸は明治大学法科を出て、当時満洲国にあった大同学院に入学し、そこで石原莞爾関東軍参謀副長（当時）と知り合った。卒業後は満洲国の司法官を務めたが、昭和十八（一九四三）年に日本に引揚げていた。妻は日本人である。

朝聯は在日のほとんどを組織したが、その左翼性に危機感を抱く在日も少なくなかった。彼らは朝鮮建国促進青年聯盟を組織し、権逸や曺寧柱は新朝鮮建設同盟を結成する。彼らの中心となったのが、金天海の約二週間後に出所してきた朴烈《ぼくれつ》であった。朴烈と曺寧柱は、元々朝鮮の故郷を同じくする先輩後輩の関係だった。二つの組織は後の在日本大韓民国民団（民団）に収斂《しゅうれん》していく。朴烈が初代の民団長である。

ちなみに朴烈は曺寧柱とともに、山形に隠棲《いんせい》する石原莞爾を訪問している。石原は在日朝鮮人がどう進むべきかを説いたのだろう。

朝聯の分裂は、それから何年も続く朝聯と民団の血で血を洗う抗争の幕開けであった。北朝鮮は国連による半島の暫定《ざんてい》的な信託統治案を呑んだのだが、南朝鮮はそれを肯《うべな》わなかった。これは日本内部における在日社会にも大きな亀裂をもたらした。

民団側は朝聯と比べて多勢に無勢である。しかしこちらには曺寧柱の弟子である大山倍達《ますたつ》（崔永宜《さいえいぎ》）という空手の達人がいた。彼はいつも朝聯との衝突の現場の最前列にいて、日本刀で斬りかかってくる相手を倒す術をまさに現場で習得していった。後の極真《きょくしん》空手の設立者である。身長一八五センチの町井久之（鄭建永《ていけんえい》）も喧嘩では負けなかった。後に任侠社会で名をはせる彼もまた、曺寧柱の説く東亜聯盟思想に心酔していた反共主義の若者だった。

曺寧柱も朝聯に狙われている。朴烈の演説が大阪で行われることになり、曺は一日遅れで大阪に向かった。京都駅に着くと、自転車のチェーンや井戸のポンプの鉄柄を手にした朝聯の男たちが彼を探して列車に乗り込んできた。しかし顔は知らない。空手をやっている大男だと思い込んでいるから、小柄な曺寧柱に気づかない。凶器に動揺しなかった曺寧柱はそうして難を逃れることができた（前掲「韓国人と日本人」）。

朝聯は民団だけを敵としていたわけではない。日本政府そのものをも敵としていた。日本共産党と組み、革命を起こそうとしていたのだ。元々日本共産党の再建資金は朝聯から出ている（『旋風』16号 昭和二十四年十月発行）。

革命目的の象徴的な事件が阪神教育事件（昭和二十三年）である。GHQの指令による、在日朝鮮人教育を日本の教育基本法に従わせる法的措置に反対する行動である。それはまさに暴力的で、大阪府庁舎や兵庫県庁舎を占拠する事態となり、非常事態宣言が出され、警官隊は威《い》嚇《かく》発砲を行った。死者も出た。

朴烈は阪神教育事件により、朝鮮人は世界の信用を失ったと著書『神戸事件の教訓』（昭和二十三年七月二十三日発行）で述べている。内容の一部を紹介しよう。

「教育は政治ではない。一つの政治意図が教育の分野に喰込んできたとき、教育は本来の目標を歪《ゆが》めて、有機的な活動を停止してしまう。そして無味乾燥な宣伝と、空虚な概念の羅列と、何等情意を発動させない結果となり、教育の創造は全く停止してしまうのである」

「教育それ自体が彼等の政治目的を教えるためにのみ役立ち、それ以外の教育が凡《すべ》て、ブルジョア的のものだと言うならば、それは階級的教育を以て全朝鮮民族に臨もうとするもので、民族を共産化しようとする無法な暴挙である」

まるで日教組の批判をやっているのではないかと思わせる。

翌年には福井県武生《たけふ》市で、朝聯の支部員が裁判所や検察庁舎に放火するという事件も起こしている。こういうことが続いて、この年にGHQは朝聯を解散させるのである。マッカーサー連合国軍最高司令官は、日本国内で暴力事件を繰り返す共産主義者たちや朝聯にほとほとあきれ果てていたに違いない。

## 傍若無人の在日朝鮮人

在日側はよく「日本人に差別された」と恨《うら》み言《ごと》を言うが、こういう朝鮮人同士のヤクザまがいの抗争や市街戦、官公庁舎の襲撃などを見せられていたら、普通の日本人はおっかなびっくりで朝鮮人に近づくのをやめるだろう。戦前においても金天海のような破壊活動を何とも思わない〝主義者〟がいた。

曺寧柱は戦時中の『東亜聯盟』誌（昭和十七年三月号）で、家賃を払わず、出て行けと言われれば立退料を請求する関西の朝鮮人たちのことをいさめている。一部の者の所業かもしれないが、悪事千里を走る。噂を聞けば、朝鮮人には間借りはさせないと思う家主が全部であってもおかしくはない。それは差別だろうか。

哲学者の木田元《きだげん》は、戦後の一時期、闇屋《やみや》をしていた。ギッシリすし詰めの汽車に乗り込むと、がら空きの一両がある。朝鮮人たちが占拠していて、日本人たちを乗り込ませないのである。木田はあまりにつらいので、その一両に入り込んだ。やにわに彼らは鉄拳《てっけん》で打ち掛かってきたのである（『闇屋になりそこねた哲学者』）。

これは一部の者の行為ではない。昭和二十一年、選挙で第一党となった自由党の総裁は鳩山一郎である。自由党の結成後すぐ、彼は東北遊説《ゆうぜい》に旅立とうとした。上野駅で彼が座っていた車両に旗を持った朝鮮人の一団が入り込み、日本人客を全員追い出した。拒絶した老人が棒で殴られるのを鳩山は見ている。彼も危険を感じて外に出た。自由党の総裁が、朝鮮人の暴力の前に完全に無力だったのだ。鳩山は「第三国人」と書いている（『特集文藝春秋』昭和三十二年四月発行）。韓国で土下座謝罪をした孫の由紀夫は、このことを知っているのだろうか。

朴烈も、こうした傍若無人の行動をしている在日たちをいさめる文章を残している（『世界文化』昭和二十一年四月号）。こういうことが日常にあれば、日本人が朝鮮人一般を色眼鏡で見る眼差しに繋がっていくだろう。

朴春琴が議員に立候補するときは、元警視総監の丸山鶴吉が応援演説をした。曺寧柱や朴春琴のような人ばかりなら、差別はなかっただろう。丸山は三・一独立運動の頃に朝鮮総督府の警務局長をしていたが、運動に関係して獄中にいた権逸の父親の釈放にも尽力している。丸山と権逸の交流は戦後も続いた。

## 北朝鮮帰還事業の悲惨

一九五〇年に北の南侵によって朝鮮戦争が始まるが、朝聯と民団の激しい抗争は、プレ朝鮮戦争とも言うべきものであった。

この戦争が始まる前に、朴烈や金天海は半島に戻っている。マッカーサーによる日本共産党中央委員追放者二十四名中に入っていた金天海は、密出国して北朝鮮に帰った。三十八度線の南に行っていたら、生きてはいられなかっただろうと、樋口雄一は『金天海　在日朝鮮人社会運動家の生涯』（社会評論社刊）で書く。

確かにそうかもしれない。前述した共産主義者・高峻石《こうしゅんせき》の妻はソウル市内の家でリンチ殺害に遭っている。共産主義者ばかりではない。民族主義の有力な指導者もテロで次々に死んだ。たとえば宋鎮禹《そうちんう》は一九四五年暮れに暗殺された。日本でも評価の高かった呂運亨《ろうんきょう》は一九四七年に、上海臨時政府の中心人物だった金九《きんく》も一九四九年に殺された。これらは李承晩が関わる民族派陣営内での抗争の結果だが、とても独立国とは思えない混乱状態である。

その後金天海は朝鮮労働党の中央委員などに就任しているが、晩年は収容所にいたとの説もある。金日成《きんにっせい》に批判的な言動を取ったのだろうか。大韓民国に帰っていた朴烈は戦争中に北に拉致される。朴烈も北で「在北平和統一推進協会」の会長となっているが、ずっと監視の対象だったに違いない。朴は一九七四年に死去した。

解散させられた朝聯は、昭和三十（一九五五）年に在日朝鮮人総聯合会（総聯）として再出発した。

しかしそれまでの六年間、解散させられた朝聯の組織は、今度は逆に日本共産党の援助を受けて、皇居前広場の「血のメーデー事件」（昭和二十七年）など、日本共産党の武装革命闘争路線の別動隊として非合法活動に従事していたのである（『権逸回顧録』）。現在の朝鮮総聯も公安調査庁の監視団体であることには合理的な理由がある。

朝鮮総聯のやったことで、現在も大きな問題となっているのが北朝鮮への帰還事業である。昭和三十四年から始まり、北へ帰還した人の総数は十万人近い。民団はこれに反対し、帰還船の港がある新潟港駅構内では双方の乱闘事件も起きている。この時期に曺寧柱は民団の団長だった（昭和三十五年七月～翌年五月。その後を権逸が昭和三十八年五月まで、さらに三十九年～四十二年と団長を二回務める）。

北朝鮮では金日成が独裁者としての地位を固めていた。彼はソ連式の経済政策、個人崇拝、中国式の「大躍進政策」などを強引に推し進めて、十万を超すと言われる餓死者を生み出していた。国土はまさに荒廃していた。

「地上の楽園」行きと銘打たれた帰還事業のメッキがはがれるのに時間はかからなかった。昭和三十五年八月、帰還事業の成果を見に行った総聯の指導者の一人である関貴星《せききせい》は大きな違和感を抱き、『楽園の夢破れて』を二年後に出版する。しかし出版には総聯側から大きな圧力がかかり、妨害行為もあった。

それから二十年後に帰国者の家族である金元祚（仮名）が『凍土の共和国』という北朝鮮を訪問してその実態を暴露した本を出版した。その頃から徐々に「楽園の夢は破れている」ことが知られ始めたのである。帰国した人の内、三万人が殺されたと言われている。

## 進歩派ジャーナリズムの罪

「楽園ではない」が日本の世論となることもなかったのは、〝日本の良心〟を自負する朝日新聞や岩波の『世界』などの、左傾したジャーナリズムの罪でもあった。社会主義体制の到来を是《ぜ》とする彼らは、北朝鮮の荒廃した実情を決して認めようとはしなかったからだ。べ平連の指導者だった小田実《まこと》も北朝鮮礼賛本（『私と朝鮮』『「北朝鮮」の人びと』）を書いている。

このようなジャーナリズムの影響下に、日本の新左翼の若者には、革命の新天地と夢想して北朝鮮行きを求める者までいた。いわゆる「よど号ハイジャック事件」である（昭和四十五年）。幼稚というしかない革命思想を頭の中でこねくり回し、世間に迷惑をかけて北朝鮮にまで行ったが、結局ろくなことができなかった。やったことといえば、日本人拉致くらいである。革命とはほど遠い、凶悪犯罪事件である。

北朝鮮による拉致事件はよど号ハイジャック事件以降に活発になると言ってよい。金日成の後継者、金正日《きんしょうにち》の発案になると言われる。自国で不足している人材を人権蹂躙《じゅうりん》で引っ張ってくるわけである。ヤクザのかどわかしと変わるところがない。高邁《こうまい》な目的のために北朝鮮に行った赤軍派は、その手先となり下がったわけである。

この日本人拉致事件もなかなか表沙汰にならなかった。進歩派ジャーナリズムによる北朝鮮の金メッキがなかなか剝がれなかったせいもあるのだろう。きっかけは昭和五十五（一九八〇）年に産経新聞が北朝鮮の特務機関が関与している可能性を指摘したことからである。拉致事件の被害者総数ははっきりしていない。百名にも上る可能性がある。

## 韓国の経済発展は最強の防共手段

日本の進歩派ジャーナリズムによる北朝鮮美化報道に危機感を持っていたのは、曺寧柱や権逸である。

李承晩大統領体制が汚職や選挙不正などで国民の信を失って倒れたのは一九六〇年四月である（四月革命）。その後政権を引き継いだ張勉《ちょうべん》は政権基盤が弱く、北朝鮮からの統一要求や過激な学生運動にも毅然《きぜん》とした態度を取れなかった。朴正熙《ぼくせいき》少将の率いる軍事クーデターが起こるのは一年後の五月十六日である。

朴正熙軍事政権のスローガンは反共親米、経済発展、政治腐敗の一掃などであった。この日に民団の団長に就任した権逸は直ちに朴正熙大統領に祝電を送った。国内で朝鮮総聯と対峙する曺寧柱や権逸にとって、本国が反共の明確な旗印を掲げることは歓迎すべきことだった。

この時期、日韓親和会が発行する月刊誌『親和』（昭和三十五年七月号）で、曺寧柱は「韓国農村の再建を語る」と題して、母国の農村問題を熱く語っている。

当時の韓国の人口は二千二百万人。その八割が農民で、戸数で言うと二百二十一万戸、そのうち「春窮《しゆんきゆう》」といって春先には食べ物がなくなる農家が三十五万戸もあった。どうしようもないから借金する。一般の農家もエンゲル係数が高く、生活に余裕がない。原始的生産様式を免れていないのが韓国農業だと曺寧柱は言う。朝鮮戦争で国土全体が焼け野原となって荒廃したこともその大きな原因だろう。

これを放っておくとどうなるか。鵜《う》の目鷹《めたかめ》の目で韓国を狙っている「共産党」の思うがままではないか。「農村の新しい村づくりこそ、共産侵略の脅威からのがれる捷径《しようけい》（近道）なのですよ。農村建設は国家の基本的な緊急課題です」と曺寧柱は語る。

基本となる理念は師の石原莞爾が唱えた「都市解体、農工一体、簡素生活」にあるようで、特に農村に工業を興す「農工一体」を曺は重要視している。彼が述べている農村改革の具体例を挙げるのは省略するが、これを国家政策として推し進めようとしたのが朴正熙のセマウル

（新しい村）運動であった。朴正煕はその原型を宇垣一成《うがきかずしげ》総督時代の農村振興運動に求めている。曺寧柱もそれを念頭に置いていたことだろう。

韓国の経済発展は、最強の防共手段だというのが曺寧柱や朴正煕の考えるところだった。それにはまず何をなすべきか。

有馬哲夫著『児玉誉士夫《こだまよしお》　巨魁《きょかい》の昭和史』（文春新書）によれば、大統領就任一年後に朴正煕はＪ・Ｆ・ケネディ米大統領に手紙を送っている。韓日の国交の正常化は反共産主義陣営の結束強化という大局的見地から見るべきで、韓日だけでなく、極東の安全のためにも必要だとする内容である。

彼らは北朝鮮だけを念頭に置いているわけではなかった。東西対立、東西冷戦真っただ中の時代に、韓国は世界で何をなすべきかを理解していた。そうした認識から、学生層に反発の多い韓日正常化を是が非でもなさねばならないと朴正煕は考えたのだ。曺寧柱も権逸もこれに協力しなければならない。

昭和四十（一九六五）年、日韓基本条約が結ばれ、国交の正常化がなされた。「政財界の黒幕」と呼ばれた児玉誉士夫や彼を尊敬する町井久之（鄭建永《ていけんえい》）は、その工作の裏方として活動していた。日本の保守政権も、共産主義の防波堤となる韓国の経済発展に協力しなければならないと考えて、竹島問題も棚上げにした。

条約に伴う韓国への三億ドルの無償援助（個人への恩給、郵便貯金、徴用賃金などを含む）、二億ドルの有償援助、一億ドル以上の民間借款《しゃっかん》は韓国の国家予算の数年分もあった。これで韓国は様々なインフラの整備、工場の建設、農村建設運動に取り掛かれるようになったのである。

六〇年代学生運動のリーダーの一人であった藤本敏夫（歌手・加藤登紀子の夫）は赤軍派などとは違って、根本的な部分で常識を忘れない若者だった。彼は学生運動時代の過激行為の責任を取る形で二年ほど服役した。

その後藤本は曺寧柱の斡旋《あっせん》もあって、韓国のセマウル運動の現場を見に出かける。おそらくこれは、曺寧柱の二度目の民団長の時期（一九七六〜一九七九）であろうと思われる。ある意味、このことは六〇年代新左翼政治運動の完全なる敗北を象徴するものであろう。セマウル運動は朴大統領の維新体制下における反共運動のシンボルとなるものであり、これが進展する限り、韓国に共産革命の芽は出ないのであるから。

## 光州事件をきっかけとした歪《いびつ》な〝民主化〟

しかし半島の政治は冷酷である。

一九六八年一月には、朴正煕暗殺を狙う北朝鮮軍特殊部隊による青瓦台《せいがだい》襲撃事件が発生し、その後三十八度線の地下をモグラのように掘削《くっさく》して南側に出る「南侵トンネル」が、一九七八年までに三カ所も発見された。日常的に北から刃が突き付けられている状態である。反共南北統一のために、国民に忍耐を強いる「維新体制」は朴正煕にとって必要不可欠のものであった。「維新」とは、日本の明治維新からきている。朴正煕は近代国家を志向して見事に成功した日本を見習おうとしていたのである。

私は彼の次女の朴槿令《ぼくきんれい》から直接そのことを聞いている。「父は日本の明治維新を尊敬していて、韓国でもこれをやるんだといつも言っていました」と彼女はにこやかに語った。

国家が豊かになれば、民主主義という果実は自然に国民の手に落ちてくるというのが彼の信念であったろう。朴正煕は常々、「一九八一年には韓国の独力で、北朝鮮の脅威に対抗できる」と豪語するほど、その経済成長戦略に自信を持っていた。

しかし維新体制は事実上の軍事独裁政権であり、反体制派の金大中《きんだいちゅう》によって批判される。そして起きるのが、東京にいた金大中の拉致事件である（一九七三年）。韓国の国際的評判はガタ落ちとなった。

また一九七四年に朝鮮総聯系の文世光《ぶんせいこう》による銃撃で朴正煕は妻を失い、五年後の一九七九年十月二十六日には、自らもその側近の銃弾によって命を落とす。朴正煕がめざした一九八一年まであと二年だった。

一九八〇年になると、絶対的な権力不在の間隙《かんげき》を縫って、軍事政権打倒を高唱する学生運動の波が高まっていく。そしてそれに北朝鮮は呼応し、平壌では韓国学生の民主化闘争を支持する集会も行われた（四月二十三日）。危機感を持った軍の指導者の全斗煥《ぜんとかん》は五月十七日、全土に戒厳令《かいげんれい》を敷き、民主化指導者の金大中や金泳三《きんえいさん》を逮捕した。

翌日、これに抗議する学生たちと軍が光州で自然発生的に衝突した（光州事件）。これが二十七日まで続き、二百名近いと思われる死者が出た。しかしこの大きな原因は、学生や市民たちが軍の武器庫を襲って武装していたことにある。同じように学生が大量に殺された中国の天安門事件（一九八九年）とは、自ずとその性質が違っている。

この間の五月二十三日、北朝鮮は「一時は民主化の光が見えた南朝鮮の地には、再びファッショ化の暗雲が垂れ込めている」と論評する。事件鎮圧後の三十一日には、「光州人民蜂起は、暴力には暴力で立ち向かって圧制者が押し付ける古い『維新』ファッショ支配を清算し、新しい民主政治を実現するための最高形態の反ファッショ民主化闘争である」と手放しで礼賛した。

金日成の独裁政権が、本当に民主化を求めるだろうか？　北朝鮮の賞賛する民主政治なるものが、とんでもない意味を持っていることは明らかである。

北朝鮮指導部がこの学生運動を直接指示していた可能性は低いが、学生と北朝鮮の言動は奇妙なほどにしっくり波長が合っている。思想的な〝南侵トンネル〟は既に自由往来を可能にしていた。

光州事件をきっかけに民主化運動に邁進《まいしん》する若者を「386世代」（注）と通称するが、その特徴は「自生的な社会主義者である」とその理論家である金明仁《きんめいじん》は述べている（「光州事件とは何だったのか」『環』25　二〇〇六年）。

彼らの目的とする所は、民衆が主体となった統一民族国家の樹立であり、国内買弁独占資本や官僚集団、日米の外国勢力を追い出して一切の南北分断条件を粉砕することだと言うのだ。親米を排し、北朝鮮とは無縁の「自生的な社会主義者」と主張する、曺寧柱らが理解しえない世代が登場してきていた。しかし現実を見ずに無邪気に理想主義を掲げ、無鉄砲に反体制運動に突進するのは韓国の学生運動の変わらぬ伝統である。

結果的に多くの学生市民を殺したことに対する軍への批判は、この後の民主化運動に拍車をかけることになった。市民や学生の武装化はリベラル勢力がかざす偽善のヴェールに包まれ、悪かったのはすべて軍事政権ということになるのだ。

民主化運動の圧力の高まりは、全斗煥の次期大統領候補・盧泰愚《ろたいぐ》の民主化宣言（一九八七年六月二十九日）に結実する。しかしこれは反共保守派が386世代を含む左派に妥協を余儀なくされることを意味した。またもや日本の進歩派ジャーナリズムはこれに便乗し、賞賛する。

そして金大中は平和と民主主義の使徒に化けてしまった。

民主化宣言から五カ月後の十一月二十八日に大韓航空機爆破事件が起きて、多くの乗客が亡くなる。これは四年前のビルマ（ミャンマー）・ラングーンでの全斗煥大統領を狙ったアウンサン廟《びょう》爆破事件と同じで、一九八八年に開催される予定のソウルオリンピックに嫉妬し、反対する北朝鮮のテロ行為に他ならなかった。北朝鮮は刃を突き付けることをやめてはいない。「民主化」とは、恐ろしくもこういう国家テロを敢行する相手と妥協することを意味するものとなった。

オリンピックを開催できるほど、韓国の経済成長は著《いちじる》しかったとも言える。豊かになった自信から、386世代はアメリカ排撃も南北統一も可能になると考えた。

そうではない。日本の経済協力、アメリカの軍事協力が韓国の経済発展を支えたのだ。一九七〇年頃にソウルでタクシーに乗ると、足元のフロアに穴が開いていたという話を私は聞いたことがある。

もっとも386世代からも、金完燮《きんかんしょう》のような『親日派のための弁明』（扶桑社文庫）を発表し、親日言論を展開する評論家も現れている。しかし民主化すれば、自由な言論活動ができるはずなのに、親日言論は許されないのである。韓国とは不思議な国である。

一九八二年には、日本メディアによる教科書誤報問題が発生した。日本の高校の歴史教科書の検定において、日本の華北地方への「侵略」を「進出」に改めさせたというのだ。これに対する非難が中国や韓国でなされたが、本当はそういう書き直しの事実はなかったのである。

しかし韓国では日本に対抗する意味から、独立記念館を建設することになった。忠清南道《ちゅうせいなんどう》の天安市に豪壮な反日記念館が出現するのは五年後の一九八七年である。

一九八七年は〝民主化〟と称する韓国の北朝鮮への妥協姿勢と、日本への強硬姿勢が鮮明になり始める年となった。

## そして「反日」だけが残った

一九八九年、昭和の終焉《しゅうえん》と共にベルリンの壁も崩壊した。東西冷戦終結の時代が到来したのである。東洋においてそれが最初に具体化したのは、韓国と中国が一九九二年に国交を結んだ時であろう。これは同時に慰安婦問題が、政治問題としてクローズアップされ始める時代でもある。愚かさの極みというべき「河野談話」は平成五（一九九三）年に出た。日本大使館前に慰安婦像が置かれたのは二〇一一年末である。朴槿惠大統領は、二〇一五年夏の北京での対ファシズム戦争勝利式典に参列した。朝鮮は日本と戦っていない。事実誤認である。

反共の看板が下ろされると、韓国に残るのは反日だけとなった。

もうこの時代において、老齢となった曺寧柱や権逸に出る幕はなかった。曺寧柱は一九九六年、権逸は二〇〇一年に亡くなった。

拉致事件に関しては、現在では北朝鮮を批判する日本人が多いことははっきりしている。しかし日本の朝鮮統治に関しては、肯定する人は少ないだろう。戦後補償は必要だと思う人も多いはずだ。これも進歩派ジャーナリズムによる影響の残像があるからだと思われる。

朝鮮総聯と関係の深かったある日本人を私は知っている。〝差別〟というだけで、彼は身体を固くした。非常に繊細な感性の人だったが、まだ六十歳にもならず、平成三十（二〇一八）年に亡くなった。

母国の悲惨な実態の暴露、主体《チュチェ》思想の真の創始者・黄長燁《こうちょうよう》の韓国亡命、金正日が日本人拉致を認めたことなど、いくつもの要因が朝鮮総聯の組織力を著しく弱体化させている。しかし一方で北朝鮮は核を持つ国家となった。三十八度線という分断線は厳《げん》として存在している。

現在の民団は曺寧柱や権逸が団長を務めていた時代と違い、北朝鮮にかなり融和的であると、内部の事情に詳しい某韓国人が私に教えてくれた。

それでもなお米朝交渉が進展し、拉致問題が解決し、国交樹立交渉が始まるとしても、私は北朝鮮への謝罪も補償も全く不要であることを主張しておきたい。

曺寧柱は戦時中、東亜聯盟を利用して独立運動を企《くわだ》てた嫌疑で約二年間牢獄にいた。さわやかな顔をして彼は出獄してきたと、私に証言したのは渕上千津。彼女は曺寧柱とは同じ日蓮主義、国柱会の若手の集まりである精華会の仲間であった。

曺寧柱は私に「僕は日本人以上に日本人を知っているんです」と言っていた。彼は日本人のお人好しなまでの善良さを深く理解していた。彼は日本は韓国にも北朝鮮にも謝罪する必要はないと考えていたに違いない。

（注）386世代　一九九〇年代から韓国で言われ始めた言葉で、当時三十代、民主化運動が吹き荒れた八〇年代に学生時代を過ごした、六〇年代生まれの世代のことをいう。

# 「徴用工」の嘘と朝鮮人労務者の真実

『朝鮮人強制連行の記録』（朴慶植《ぼくけいしょく》著）というおどろおどろしいタイトルの本が出版されたのは、昭和四十（一九六五）年で、ちょうど日韓基本条約が締結された年である。朝鮮総聯に所属する朴慶植はこの本で、「アメリカ帝国主義を背景に日本独占資本は南朝鮮に進出しつつある」と日韓基本条約締結の背景を理解している。「強制連行」という言葉が市民権を持ち始めるのもこの本からであると思われる。

この本の内容に最初に異議申し立てをしたのは、『在日・強制連行の神話』（鄭大均《ていたいきん》著。文春新書、平成十六年刊）である。

後に紹介する鎌田澤一郎《かまださわいちろう》の著作『朝鮮新話』（昭和二十五年）にこんなことが書いてある。

〈郡とか面とかの労務係が深夜や早暁《そうぎょう》、突如男手のある家の寝こみを襲い、或いは田畑で働いている最中に、トラックを廻して何げなくそれに乗せ、かくてそれらで集団を編成して、北海道や九州の炭鉱へ送り込み、その責を果たすという乱暴なことをした〉

これが強制連行の証拠だと『朝鮮人強制連行の記録』で朴慶植は言うのだが、「乱暴なことをした」の次に「但《ただし》総督がそれまで強行せよと命じたわけではないが、上司の鼻息を窺《うかが》う朝鮮出身の末端の官吏や公吏がやってのけたのである」と書かれていることを朴慶植はわざと引用していないと、前掲書で鄭大均氏は指摘する。つまり朴慶植のミスリードなのだ。

同じようなミスリードやフレームアップが『朝鮮人強制連行の記録』には多い。資料として紹介されている日本鉱業の「朝鮮人徴用労働者の労務管理」(昭和十六年)という文書を見てみよう。朝鮮人徴用者の逃亡に困惑している会社側の文書である。

「半島人逃走問題には各所共困惑致しつつあり。移入当時には最も多く甚だしい。着山二、三日にして逃走するものあり。当初より鉱山労働を目的とせず、内地渡航を目的とせる者と推察せらるる」(原文カタカナ)とあって、よく言われるところの労働の過酷さに耐えかねて逃亡するのではない。都会での就労が本来の目的で、徴用労働者として渡航すればその費用が免除になることを知ってずる賢く立ち回っていることに対する会社側の困惑が見て取れる。逃げられたら、会社側は全くの赤字となるのだ。

そういう資料を強制連行の証拠として、朴慶植はぬけぬけと載せているのである。読者の多くは「強制連行の記録」というこけおどしのタイトルに腰を抜かしているだけなのだ。

『昭和特高弾圧史——朝鮮人に対する弾圧』(明石博隆、松浦総三編。太平出版社、昭和六十年刊)

などという本もあるが、ただの警察の資料集である。こけおどしのタイトルでごまかされる日本人のお人好しなことといったら、あきれるほどである。

これも鄭大均氏が前掲書で重要な資料として紹介している『朝鮮人徴用工の手記』（鄭忠海《ていちゆうかい》著。河合出版、平成二年刊）がある。なんとこの手記の主人公は、戦争未亡人の岡田という女性とねんごろになり、その家に寝泊まりして工場に出かけている有様なのだ。食べ物も食わせてもらって苦労していない。どこが強制連行なのだろうか？

北朝鮮の主体《チユチエ》思想の生みの親・黄長燁《こうちようよう》は、一九九七年に韓国に亡命して回顧録を書いている（『金正日への宣戦布告』）。そこには戦時中の徴用体験も記してある。昭和十九（一九四四）年二月から終戦まで、大学生の彼は江原道《こうげんどう》・三陟《さんちよく》のセメント工場で働いていた。こんなことが書いてある。

「私たちが初めて来たときの作業班長は三陟警察署の日本人刑事だった。しかし私たちが彼の非行を問題にし、ことが大きくなると追い出された」

なんと、朝鮮人徴用工たちは日本人の上司をクビにすることもできたのだ。どこが強制連行なのだろう？

『朝鮮人強制連行の記録』は冷戦たけなわのあの時代に、「反共」を軸に結び付く日米韓の三国関係にくさびを打ち込もうとして出版されたものである。そのことをよく我々は理解しておくべきだろう。

しかしながら冷戦が終結してしまうと、そのくさびは溶けてしまうことはなく、徐々に日韓関係の中で癌として成長し、「強制連行」という言葉が日本でも普通に使われるようになってしまった。そのことの恐ろしさを我々は改めて認識しなければならない。

現状の教科書においても実情は同じである。「強制連行」という言葉は使われていなくても、どの教科書でもそれを強く匂わすニュアンスの文章となっている。よく問題とされる家永三郎の検定不合格教科書（昭和三十七年）には、朝鮮人強制連行の記述は一切ないのである。申請されたのが昭和三十年代だったからだ。むろん慰安婦の記述もない。

＊

『国民総力』は支那事変という国家の非常事態を受けて、朝鮮で結成された「国民総力朝鮮聯盟」の機関紙である。戦時中、日本内地の職場で働く朝鮮人は多かった。聯盟の委員たちは昭和十九年五月から手分けして、内地の朝鮮人たちが働く現場に調査と慰問、改善を働きかけるために出かけた。以下はその後の座談記録である。

座談会出席者の鎌田澤一郎は京城に大陸経済研究所を構えていたジャーナリストで、昭和六年から十一年まで朝鮮総督を務めていた宇垣一成《うがきかずしげ》の事績をまとめて『宇垣一成』（昭和十二年）を出版した。以下、渡辺豊日子《とよひこ》は朝鮮総督府を代表する官吏で、この当時は退官している。鈴川寿男も総督府官吏で京畿道《けいきどう》知事を務めた。夏山茂は曺秉相《そうへいそう》の創氏改名後の名前で、総督府の諮詢《しじゅん》機関である中枢院の参議だった。彼の息子の夏山正義は、朝鮮で最初に学徒兵の募集に応じている。ほかの人物の経歴は判らないが、当時は朝鮮で良く知られた人々であったのだろう。

以下の証言に出て来る大鶴《おおづる》炭鉱は『にあんちゃん』の舞台として知られている。『にあんちゃん』は安本末子が十歳の時に書いた日記で、昭和三十三年にベストセラーになり、翌年映画化された。彼女の家族は在日朝鮮人で、父親は佐賀県・唐津市の大鶴炭鉱で働いていた。現在は大鶴炭鉱も朝鮮人強制連行の現場だとされているが、この座談会の証言では、とてもそのような陰惨な舞台だったとは思えない。座談会発言の数カ所に注を入れた。

## 〈史料〉座談会「半島労務者と内地を語る」この目で見た内地在住半島労務者の実態

『国民総力』昭和十九年七月十五日号

〈語る方々〉
鎌田澤一郎
渡辺豊日子
鈴川寿男
金川　聖
金　信錫
夏山　茂
井垣圭復

**記者**　それではこれから座談会を開きたいと思います。このたび約一ヶ月に亘りまして、内地の対朝鮮認識、在内地半島労務者及び学兵の慰問激励運動を展開されました感想、見聞などをお洩らせ願いたいと思います。

まず、内地の朝鮮認識の状況からお願い致します。

## 内地の対半島認識程度

**鎌田**　考えてみると今度派遣員の中では私と夏山さんが一番若手です。そこで青年の元気で北海道に参りました。北海道の労務状況は按じたほど悪くない。昔監獄部屋と云われたような悪い感じの所も若干ありましたが、大体において悪くなかった。良い所は全国の模範にしてもよい所がありました。例えば芦別炭山、手稲炭山などは、最もよく朝鮮を理解していましたが、まだまだ全般的な面から言うと浅薄であったと言えます。

しかし今度の運動を契機として、北海道における朝鮮の認識という問題、労務管理の問題が根本から改まってくるだろうと大体自信を持って帰りました。

**渡辺**　炭鉱主とか、その下の中堅以上の人は朝鮮の労務者を迎えているだけに、朝鮮の問題について注意を払っています。しかしながら最近の朝鮮の事情には非常に疎いようで、私達が最近の朝鮮を話した所、びっくりしておったようです。これは確かに内地派遣の大きな収穫ではないかと考えます。

**鈴川**　向うに行っていますす労務者達に対してその地方地方の人達がどう考えているかということも、今度の運動の目的の一つの目的であったので、この点につき佐賀、長崎、両県の人々に聞きました所、朝鮮に対する理解は十分でなくても、労務者に対する思いやりは十分である。それは工場鉱山の当事者が朝鮮人労務者は、はるばるお国のために働きに来ている、可愛がってやらなければならんという気持ちでやっている。その気持ちが自然一般地方の人々にも染み渡っていることがハッキリ判りまして大変心強く思いました。しかし朝鮮自体については判っていません。極端なようですが、私どもを案内してくれた地方鉱山局の人が朝鮮は九州の三分の一の広さですねと言った。それほど朝鮮を知らない。

**鎌田**　その三分の一というのは地図の書き方の悪いのも原因です。内地は大きく朝鮮は小さく書いてあるのが多い。

## 半島指導員も朝鮮を知らない

**金川**　東京都は政治経済の中心地であり、それぞれの権威者のいる所でありますが、そういう人達は相当の認識を持っておられるが、中堅以下の官吏はあまり朝鮮を研究していない。その認識のない中堅以下の官吏が半島人問題に直接接触するから無理解なことが出て来るのです。しかし内地側の朝鮮事情の研究不足ということも言えるが、その反面我々の努力も足らなかったということも非常に痛感しました。これからは今回のような運動ばかりでなく、事業家は事業家、鉱山は鉱山と、専門専門によって内地の人と朝鮮の人とが互いに接触して、朝鮮の事情を認識理解させるということが必要でないかと思います。

**金信錫**　私は藤原先生とともに北陸の新潟、長野、福井、石川、富山の各県下を回りました。北の地方は北鮮との関係のあることは皆さんご承知であるが、その割に朝鮮事情に疎いのではないかと思います。新潟の懇談会には藤原先生と一緒に出席し、内地側からも四五十人ほど出席したのですが、さぞ質問が出るだろうと思ったが、一向出ない。これは研究していないためだと思いました。一つは朝鮮側の宣伝の足らんためもあります。その証拠にはどこに行っても最近の朝鮮に関する参考書を送ってもらいたいということを要望されました。

また古くから内地に行っている朝鮮人で、今指導員になっている人達が沢山いるが、この人達も今の朝鮮事情を知らない。君らがそんなことでは困るではないか、朝鮮には毎日新報もあれば、京城日報もあるのだから、みんなで一部ずつでも取って読んだらどうだ、と申した所、必ずそうしますと言っていました。

## では朝鮮は内地の認識があるか

**渡辺**　福岡の懇談会で、内地側の認識不足を申しました所、吉田知事は私の肩を叩き、君は内地側の認識が足らん、悪い所があるというが、君達にも悪い所が相当ある、お互いであると言われましたが、なるほど朝鮮側も内地に対する認識を相当持っているかと言えば、恥ずかしながら持っているとは内地の人に言われない。朝鮮の労務者が内地に来てどういう風に待遇され、どういう風に働いているかということは知らないで、内地側に要求のみするのは、これは確かに我々の方の偏見ではなかったかと思う。我々が内地側に朝鮮の認識を要求するとともに、内地の現在の情況、或いは半島から内地に行っている人々の現況を知っておくということは確かに必要です。

## 鉱山に光る美談の数々

**記者**　半島人労務者の働きぶりは。

**夏山**　新しく始まった事業場では朝鮮に対する認識もかなりありまして、半島人労務者に対する待遇も相当理解を持ち、真剣に考えていました。そういう所は労務者の能率も非常に良いので、普通平均石炭を掘るのが一日一トン二分の一ですが、北海道では六・五を掘っている。内鮮労務者が協力して千五百トンも出して新記録を作ったこともあるそうです。それを見ても、いかに朝鮮労務者が最大の努力を続けているかということが考えられるのであります。

こんな話がある。芦別鉱山三井経営ですが、この山に黄海道克山郡から行った石原柄律《へいりつ》という感心な青年がいる。三年ほど前に大勢の者とこの山に来たのですが、不幸にして負傷して足を一本切ってしまった。山でも手厚い治療を受けましたし、慰労金ももらったのですが、国へ帰ったらと言うと、同君は頑としてうなずかない。私は大勢と一緒に来て、足の一本位失ったということで帰ることはできない。私はここに働きに来たのが目的である。足が一本位なくても仕事はできる。仕事をやらしてくれというので、鉱山側ではいたく感激して優良章を贈って、内務班の仕事をやらしているが、すこぶる優秀な成績を上げているということです。

**渡辺**　私が行った所で帰郷か定着かの問題が起こっていましたが、一人の労務者が、自分はこの時局重大な時に生まれ故郷に帰るということはできぬ、自分は戦争が続く間、踏み止まって国家のために働くのだと言い出した。すると他の人達も気持ちが動いて、あの人があゝいう風に言うのだから、自分達も一つ考え直そうということになって、引き続いてみんな働くことになった。

また一つは八時間働く規定でありますが、坑内で石炭を運ぶトロ（注　トロッコ）の故障で通路が封鎖されて出られなくなったために十一時間も働いた。その翌日十一時間働いた五人の中三人は既定の時間に出て働いている。調べるとその三人とも半島人であったということで、炭鉱側でも非常に喜んでおった。私も先に話した人と今の人達に金一封を置いてきました。

**夏山**　伊達さんの行かれた秋田県にあった美談で、内務大臣にまで報告されました。ちょうど派遣員が行っている時、秋田のある鉱山で落盤事故があった。それは内地人の班長が労務者を引率して坑内に入った所、後ろの方で変な音がするので、朝鮮人の労務者を見せにやった。その労務者が引き返してみると既に落盤が始まっている。傍らの者が早く逃げろと言った所が、俺は班長に報告する義務があるからと言って奥に駆け込んだ。次の瞬間落盤があり、班長と共に死んでしまった。そのことが逃げた者の口から判って、朝鮮人は責任感がないということだが、それは嘘だ、こんなに立派に責任を果たしているではないかということで、非常に感激されています。

## 時局認識は徹底している

**井垣**　北陸方面に渡った時ですが、無学文盲の半島人に試みに質問してみました。「今戦争をしていることを知っているか」と言ったら、「知っている」「どことやっているか」「米英支那とやっている」「鉄アルミニュウムが必要であるということを知っているか」と言うと、「知っています」と言い、「この鉄が軍艦を作り、大砲を作る材料になる、私どもも賃金をもらって働くものとは考えていない」とはっきり言った。私は彼らが戦争に関係している人間であると自覚している言葉を聞いて涙が出るほど嬉しかった。
またある工場では、六割以上を半島人で占めている。その半分がいなくなると仕事ができなくなる状態で、私の工場ではなくてはならんと言っています。そこで労務管理も大切であるが、訓練も大切である。両方相一致してやってくれと頼んでおきましたが、とにかく処遇はだんだん改善されつつあるということが言えます。
また富山にある大きな会社ですが、そこには女の人が沢山いましたが、非常に良くされるので、学校にでも行っているような気持がすると言う。それほど親切にし、万事行き届いているのです。また佐渡でも勤労奉仕隊によって、そこの住民と半島労務者が非常にうまくいくようになったという状況でありました。

**鎌田**　労務者たちは以前の自由労働者の時とは全然違う。大東亜戦争の戦力増強のために重大な役割を持って半島から来ているのだということを深く認識しています。

## 早く家族を呼び寄せるようにしたい

**記者**　定着問題はいかがですか。

**夏山**　北海道では二年の契約が満期になった者が相当あります。私がそういう人達に時局は重大であるから、産業戦士としてもう少し働いたらどうかと時局を説明したら、そうすると言っていた。定着問題で解決しなければならないことは家族を呼ぶことでありますが、鉱山側ではまだ設備が出来ていないために行き届かないが、できるだけ家族を呼んで定着させることに努力している。半島労務者側も定着しようという気合がかなりあります。

**井垣**　長崎の鉱山では八百人余りの半島人がいて、その中三百人以上は家族を呼び寄せています。ここは初めからできるだけ家族を呼び寄せるようにしていますので、今更慌てる必要もないようでした。今になって定着を勧めるということはよほど難しい問題で、初めから落ち着いて働けるようにしてやることが大事と思います。

## どしどし改善されている労務管理

**記者**　定着問題と労務管理は引きつけ《ママ》ちゃない問題ですが、それはいかがですか。

**夏山**　労務管理は大体において良い。改良すべき点は改善される見込みがあり、現在より悪くなることはありません。私は北海道を回ったが、帰る時には既に改善されているという風で、どしどし改善し得る用意があると感じて心強く思いました。

**井垣**　八幡の製鉄所には最近〇〇《ママ》名の朝鮮人がいますが、ほとんど国民学校の卒業生で、その動作はキビキビしておる。実に感じがよく、まるで青年学校を見るような気がしました。

**渡辺**　私が感心したのは折尾（注　現北九州市）の日本鉱業で、ここには立派な病院があって、薬代は一日五銭、入院料は一日五十銭というホンの形式的な料金を取り、ほとんど会社の負担でやっていました。高松炭鉱（注　現北九州市）では病院の外に産業科学研究所というものを作って、四十万円の経費で石原博士を所長とし、他に五人の博士を置いて山に働いている人の健康状態、能率問題ということに関連して研究しているということです。その他娯楽機関とか厚生設備等、非常によくできている。

労務管理と定着問題とは相関連している、労務管理がよいほど、定着率がよいということであります。

## 労務者に対する観念を正しく

**金川**　労務管理は工場、鉱山、土建場と三つに大別されますが、大体工場等はよく行き届いているようでありますが、土建場の方はどうもあまりよいとは言えないようであります。これは一つの仕事を終えれば、他の工事場に移動してゆき、一定の処に腰を据えていないために、どうしても労務管理が不十分になるようであります。

東京のある大きな工場に、朝鮮で三ヶ月の訓練を受けた半島の労務者が来たが、その三割が他に移動してしまったという。そこの設備は相当よくできているのですが、どうもおかしいと思って段々聞くと、指導者が途中で替わった所、後から来た指導者も熱心であるが、少しのことでもすぐ警察に持って行くということである。そこが非常に労務者にとっては冷淡に感じられ、落着けないというわけで、指導者はもっと温かい心を持って、お互いに国のために尽くしているのであるから、相扶《たす》け合っていこうという気持ちが必要ではないかと思いました。

土建場の方も二ヶ所見たが、一ヶ所は大きな組で相当よく管理ができて宿舎で訓練していました。ここは事務所長が非常に熱心で、朝鮮の労務者については、日常の起居に至るまで細かな心づかいをする。従って監督者も注意することとなり、仕事もどしどしやるという風で、非常によくやっていました。他の方はそう大して大きな組ではなく、従って労務管理もよくないので、大いに注意を喚起してきました。

工場鉱山、或いは土建場で、朝鮮の労務戦士を使う場合、自分らの仕事をしてもらうという気持ちでなく、国家の仕事をしてもらうのである、そのために朝鮮から労務戦士を提供して頂いたのだという観念の下に、労務管理をしてもらいたいということを至る所で申してきました。

## 優秀な指導者を養成させる

**記者**　指導者の問題ですが、夏山さんもご存知ですが、新しい鉱山で種々な設備が理想的に行っている所がありましたが、この請願巡査（注　地方自治体・企業・個人の請願によって派遣された警察官）で残間という人がいまして、非常に半島人の労務管理に熱心な人で、巡査を辞めて指導者を志望し、鉱山の許しを得ると早速朝鮮に来て、労務者出方の農村を見たり、志願兵訓練所に宿泊して体験したり、種々研究して帰り、労務管理を実に完全にやっている。一ヶ月位の訓練で、現役兵に劣らぬほど立派な動作に仕上げています。従って労働能率は非常によい。また移動者の率も非常に低く、北海道一で、わずかに一・六二％であります。一人の立派な指導者のために北海道で模範となっていることを考えると立派な指導者の必要を痛感させられました。

**金信錫**　この労務者が移動しないよう、或いは稼働率を高めるにはよい指導者がなければならんということを、私ども至る所で申したのですが、そのたびに、ではよい指導者をお世話願いたいと言われます。

内務大臣（注　大達茂雄）の所でもそういう話が出ましたが、一つ総督府の事業として指導者を養成して置き、工場とか鉱山から要求があったらすぐ間に合わせるようにする。これは是非やって頂きたいと思う。

## 国語教育を徹底させたい

**記者**　国語使用状況や教育指導について。

**井垣**　私は内地に帰りまして、朝鮮語でおしゃべりをしなければならんとは夢にも思っていませんでした。始め国語で話をし、通訳を入れてやりましたが、その通訳が不徹底なので、その次からは私自身朝鮮語でしゃべりました。それについて労務者諸君にも私の希望を徹底的に述べた。

その一は国語を早く覚えて、一日も早く皇民としての資格を備えるようにということで、この問題については各会社側でも決して等閑に付しているわけではないでしょうが、何しろ責任量を掘るために、社長はじめ重役も血眼になって働いているので、その方まで手が回らない。

また朝鮮人は一緒に合宿にいる関係で、国語を必要としないという現状である。国語を覚えようとしない。教えるだけの時間もない。しかしそれではいかん、早く覚えるようにしろと言ってきました。会社によっては晩飯一時間前に必ず国語を教えている所もあります。ですから使用者側で労務者に教養を教えようとすればできないことはないということを主張した。
もう一つは貯金です。所によっては貯金には全然無関心である。これは金でもできれば帰ってしまうだろうと考えているからでしょう。また郷里に金を送るので貯金ができない所もありましょうが、貯金を奨励している所では、二年間に二千円位はできる。一日平均五円として月に百五十円、食費その他を差し引いて百円は残りますから、二千円は楽にできます。国語を覚えて、二千円の貯金を持って帰り、土地を買って自作農になる。その土地は内地で働いた記念にもなる。何十万という人がそうすれば、朝鮮統治の上にも良い結果を見るだろうし、日本国民としてのレベルを引き上げることにもなると強く主張してきました。

**渡辺**　私の行った製鉄所では、労務管理で最も注意を払っているのは教育問題で、現在の行き方は教育機関は国家に委《まか》せる、その代わり費用は炭鉱側で持つということでやっています。ただ一つ貝島炭鉱だけは先々代（注　貝島太助）から半島労務者を非常に可愛がっておりますが、かつて不況時代に他の所でまず半島人を解雇したが、貝島炭鉱だけは、遠くから来ている者を解雇するのはかわいそうだということで言って解雇しなかった。今では半島の人々によって先々代の碑が建てられていますが、この先々代は半島人の教育ということにも非常に熱心で、他の炭鉱でやらない中から率先してやられ、今は立派な学校を経営しています。

## 内鮮一体となって増産に邁進

**鈴川**　要するに内地に参っている半島の産業戦士は非常な真剣さを以てご奉公致し、また内鮮一体となって戦力増強に邁進している模様を見て感激したことがしばしばありました。その一例を申しますと、大鶴炭鉱（注　佐賀県）で見たのでありますが、午後六時入坑時間になると、総員が一ヶ所に集まって隊長の〝突撃〟という号令で、みんなが手を高く挙げて突撃と叫んで進発する。坑口の所には内鮮の家族をはじめ、事務所の者も総出で見送りに来ています。小さな子供の手を引き、或いは赤ちゃんをおんぶした半島の婦人たちや学童もいまして、これが一斉に安全歌という歌を歌うのであります。実に緊張した感激の場合で、私も井垣さんも思わず泣かされました。産業戦士も是が非でも増産しなければやまないという気持ちが自然に湧き上がってくる。

今日大東亜戦争を勝ち抜くためには、半島の産業戦士の生産力に待つ所が多いということを、よく内地でも諒解致しています。また産業戦士達もその責務の重大であることを自覚して、奮励努力していることは誠に心強いことと思いました。

懇談会の席上におきましては、半島においても皇国臣民として錬成に邁進していることを述べ、結局内鮮は同祖同根であるという点について述べたのでありますが、出席者のことごとくがその趣旨を諒解してくれたのでありました。なお半島におきましては、内地に参っている産業戦士達にどんどん慰問活動をするということが最も大切なことではないかと考えます。

**鎌田**　支那のことわざに、蓬《よもぎ》も麻の中に生ずれば真直ぐになるという言葉がありますが、まず内地人が正しく半島人を見、温かい心で導いていけば、みんな真直ぐに伸びていけるという確信を持ちました。

**記者**　どうも色々有難うございました。

（お断り　編集締め切り期日切迫のため、全派遣員のご出席を得ず、各派遣地に亘ってお話を伺えなかった点、ご諒承願います）

# あとがき

私は西暦二〇一〇年に『朝鮮で聖者と呼ばれた日本人』を出版した。たまたま日韓併合百年の年だったが、それ以降、様々な雑誌やムックで日韓関係の歴史問題を書くことが増えた。本書に収めたものは、それらに発表したものを改めてテーマ別に再構成したものである。最初に書いた当時と現在の私の考えは基本的に変わらない。いやますます確信することばかりだ。

発表媒体では字数制限などがあって書けなかったこと、新しく知ったことも付加、修正したりしている。多くの人が知らない史実を紹介できたと思っている。最後の『国民総力』座談会「半島労務者と内地を語る」の記事もまたそうであり、事実に語らしめることこそ、私の考える歴史叙述の方法である。

本書に紹介した曺寧柱さんは、小柄で飄々《ひょうひょう》としていながら、数々の修羅場《しゅらば》をくぐり抜けてきた、その言動には、自ずと備わる風格があった。大柄で朝鮮戦争の英雄である白善燁《はくぜんよう》閣下には、直接面と向かって、「教育勅語は東洋人すべてが理想とすべき道徳です」と滑らかな日本語で言われた。私の友人（日本人）は、「白善燁閣下の命令だったら、どんな危険なところにでも行く」

と明言した。それほど将官として人の上に立つ徳を備えていた人だった。靖國神社に昇殿参拝した金寿姙《きんじゅにん》さんには「朝鮮は弱かったから併合されたのよ、それだけ」と笑顔で言われた。頭の良い、かわいい女性だった。

韓国の親日派は滅んではいない。彼らは日本が強くなることを願っている。日本が強くなれば、彼らは息を吹き返すのだ。日本は強くならねばならない。

令和元年八月

田中秀雄

# 初出一覧

- 「興亜偉人伝6　武田範之」『国体文化』二〇一一年六月号
- 「朝鮮で『聖者』と呼ばれた日本人」『歴史通』二〇一二年一月号
- 「閔妃暗殺の真犯人」『歴史通』二〇一二年三月号
- 「新たなる征韓論を」『国体文化』二〇一二年八月号
- 「朝鮮統治時代を描いた映画『道――白磁の人』はウソだらけ」『歴史通』二〇一二年九月号
- 『エデンの東』エリア・カザンがフィリピンで見た米軍慰安所の光景」『歴史通』二〇一三年一月号
- 「朝鮮という宿痾　捨て身の西郷、謝絶の福澤」『歴史通』二〇一四年一月号
- 「朝鮮半島回廊論　消えることのない回廊」『愚韓論』所収　二〇一七年四月刊
- 「崔承喜――反日感情の犠牲者」『壊韓論』所収　二〇一七年八月刊
- 「宿痾としての北朝鮮」『独裁国家！　北朝鮮』所収　二〇一七年十二月刊
- 「総聯」と「民団」『嫌韓朝論』所収　二〇一八年八月刊
- 「公開映画『金子文子と朴烈』はウソばかり〝天皇暗殺犯〟は親日に転向していた」『WiLL』二〇一九年五月号

**田中 秀雄（たなか・ひでお）**
1952年、福岡県生まれ。日本近現代史研究家、映画評論家。著書に『中国共産党の罠』（徳間書店）、『日本はいかにして中国との戦争に引きずり込まれたか』『朝鮮で聖者と呼ばれた日本人』（以上草思社）、『石原莞爾と小澤開作　民族協和を求めて』（芙蓉書房出版）、訳書に『満洲国建国の正当性を弁護する』（草思社）、『中国の戦争宣伝の内幕』（芙蓉書房出版）などがある。

# 優《やさ》しい日本人《にほんじん》　哀《あわ》れな韓国人《かんこくじん》

2019年９月14日　初版発行

著　者　田中　秀雄

発行者　鈴木　隆一

発行所　ワック株式会社
東京都千代田区五番町４-５　五番町コスモビル　〒102-0076
電話　03-5226-7622
http://web-wac.co.jp/

印刷製本　大日本印刷株式会社



ISBN978-4-89831-810-2